农业数字经济学

NONGYE SHUZI JINGJIXUE

张　仙　刘　婕　赵鸭桥　主　编

张　焱　王全春　周　铝　副主编
　　　　岳　娅　张榆琴

中国农业出版社
北　京

本书受“云南省科技攻关计划云南省作物生产与智慧农业重点实验室（202005AG070067）”资助出版。

目　　录

理　论　篇

应 用 篇

理论篇

LILUNPIAN

第一章　导　论

1.1　农业数字经济学的产生背景

1.1.1　数字经济学产生背景

随着以数字化浪潮为核心的第四次工业革命的兴起，人类社会开始步入数字经济时代。数字经济在经济形态与发展模式方面与传统的农业经济、工业经济有着显著的差异，以数据为核心生产要素、以数字技术为驱动力的数字经济给人类生产、生活和生态带来了全面深刻的影响。党的十九大报告提出了建设“数字中国”和“智慧社会”的宏伟蓝图。党的十九届五中全会通过的《中共中央关于制定国民经济和社会发展第十四个五年规划和二〇三五年远景目标的建议》提出：“发展数字经济，推进数字产业化和产业数字化，推动数字经济和实体经济深度融合，打造具有国际竞争力的数字产业集群。”在数字经济时代背景下，探讨数字经济学学科建设问题既重要又紧迫。

如果说经济学是研究资源优化配置的学科，数字经济学则是研究数字资源优化配置的新兴学科。相对于飞速发展的数字经济实践，我国数字经济理论研究严重滞后，数字经济学学科和专业建设几乎处于空白状态，数字经济人才培养任重而道远（戚聿东，褚席，2021）。

1.1.2　农业数字经济学的产生背景

我国正处在“两个一百年”奋斗目标的历史交汇期，没有信息化，就没有现代化；没有农业农村现代化，就没有整个国家的现代化。“十四五”新征程背景下，实施乡村振兴战略要紧紧抓住信息化带来的重大历史机遇，立足新时代国情农情，将数字农业农村作为数字中国建设的重要工作内容，加快信息化发展，带动和提升农业农村现代化发展水平。

发展数字农业农村是顺应信息化进入大数据新阶段的必然要求，是抢占农业农村现代化制高点的迫切需要，是创新推动农业农村信息化发展的现实选择。2018 年中央 1 号文件首次提出大力发展数字农业，实施数字乡村战略。2018 年以来，党中央、国务院相继印发了《国家乡村振兴战略规划（2018—2022 年）》《数字乡村发展战略纲要》等文件，为加快发展数字农业农村指明了方向和道路。农业农村部同中共中央网络安全和信息化委员会办公室编制印发了《数字农业农村发展规划（2019—2025 年）》，提出了新时期推进数字农业农村建设的总体思路、发展目标和重点任务。要走好具有中国特色的数字农业农村发展道路，不仅要进一步摸清当前数字农业农村发展的程度和水平，更要找到发展的短板和问题，促使县级党委和政府更加重视数字农业农村发展，让更多社会资本流向数字农业农村领域。只有这样，才能不断地强弱项、补短板、增优势，为抢占农业农村现代化的制高点提供强劲的内生动力。

数字经济时代是继农业经济、工业经济之后的一种新的经济社会发展形态，这种以比特思考为基础的全新模式已经到来，数字农业农村是建设数字中国的重要内容。农业农村数字经济也要逐步进军我国经济发展最为活跃的领域，实现农业农村经济可持续发展。

1.1.3 我国数字农业农村发展现状

国家高度重视数字农业转型发展问题，试图从政策指向、公共投资、市场引导、主体激励等多维度出发，着力打造中国现代农业的未来图景。自 2015 年我国就开始规划数字农业的实施方案，制定了一系列旨在推动数字农业转型发展的政策文件，以促进数字乡村和数字农业协同发展，其核心路径在于从基础设施的大力推进，到数字技术的推广应用，再到大数据体系和平台的建立，以实现数字技术和农业生产的深度融合。各地方政府积极响应中央政策，出台本地数字农业农村发展的行动计划，因地制宜创新数字农业的实现机制与实现路径。如浙江省印发《浙江省数字乡村建设实施方案》，强调推进生产管理数字化应用，建设一批省级数字农业园区和数字农业强镇。推广智能设施装备，推进数字化农业气象服务系统在现代农业中的应用，推进数字化监管，发展智慧农机装备和设施农业，开展数字农业工厂建设。推进农产品加工、农资生产企业数字化改造，建成一批数字化生产线。到 2022 年，建成 250 个数字农业工厂。广东省实施《广东数字农业农村发展行动计划（2020—2025 年）》，夯实广东数字农业“新基建”，争创优势形成数字农业示范标杆效应，积极创建国家数字经济创新发展试验区，打造“数字农业硅谷”。湖南省发布《湖南省数字乡村发展行动方案（2020—2022 年）》提出，到 2022 年，数字乡村建设取得明显成效，推动农业物联网应用，打造数字农业产业新优势。

不仅如此，国家还通过项目建设和补贴结合的激励机制大力推进数字农业的应用。农业农村部从 2017 年起组织开展数字农业建设试点项目，以县为单位组织实施，实施主体为区域内具有数字农业建设需求的农民专业合作社、家庭农场、农业产业化龙头企业等新型经营主体。同时，支持国家农业遥感应用等公益性科研单位开展农业遥感数字农业建设试点。中央财政对符合条件的数字农业建设试点县市予以投资补助（钟文晶，罗必良，谢琳，2021）。

党中央、国务院高度重视数字农业农村建设，各地区、各部门认真贯彻落实国家大数据战略和数字乡村战略、大力推进“互联网+”现代农业等一系列重大部署安排，大力推进数字技术在农业农村应用，在以下方面取得明显成效。

数字技术与农业农村加速融合。产业数字化快速推进，智能感知、智能分析、智能控制等数字技术加快向农业农村渗透，农业农村大数据建设不断深化，市场监测、预警体系逐步完善，农产品质量安全追溯、农兽药基础数据、重点农产品市场信息、新型农业经营主体信息直报等平台建成使用，单品种大数据建设全面启动，种业大数据、农技服务大数据建设已初见成效。

数字农业将遥感、地理信息系统、全球定位系统、计算机技术、通信和网络技术、自动化技术等高新技术与地理学、农学、生态学、植物生理学、土壤学等基础学科有机地结合起来，实现在农业生产过程中对农作物、土壤从宏观到微观的实时监测，以实现对农作物生长、发育状况、病虫害、水肥状况以及相应的环境进行定期信息获取，生成动态空间信息系统，对农业生产中的现象、过程进行模拟，以达到合理利用农业资源，降低生产成本，改善生态环境，提高农作物产品和质量的目的（毛竞，关欣，李巧云，2007）。

2019 年全国县域数字农业农村发展总体水平为 36%，较上年提升 3 个百分点。2019 年，全国县级农业农村信息化管理服务机构覆盖率为 75.5%，行政村的电子商务服务站点覆盖率达到 74%。2019 年全国农业生产数字化水平为 23.8%。在资金投入方面，全国县域农业农村信息化建设 2019 年财政总投入为 182.1 亿元，社会资本投入为 478.5 亿元，财政的撬动作用得到显现。产品溯源方面，县域农产品质量安全追溯信息化水平为 17.2%（农业农村部网站，2020）。党的十八大以来，数字农业农村建设扎实推进，取得重要阶段性成效，但目前仍处于起步阶段。当前数字农业农村发展还面临诸多问题和挑战，主要表现在发展不平衡不充分、财政投入力度不足、机构队伍建设有待加强、农产品质量安全追溯信息化水平亟待提升等方面。全国县域数字农业农村发展水平评价工作为各县（市、区）找准位置和差距、明确努力方向提供了平台和工具，已经成为推动县域数字农业农村发展的有力“杠杆”（农业农村部网站，2020）。农业农村数字化是生物体及环境等农业要素、生产经营管理等农业过程及乡村治理的数字化，是一场深刻革命（徐兴利，黄家伟，2020）。展望今后一段时期，数字农业农村发展将迎来难得机遇。

1.2 农业数字经济学研究的价值和意义

1.2.1 设立数字经济学学科是完善经济学学科体系的需要

经济学为解决现实中的经济问题而生，经济学的实用性特征要求经济学学科体系的建设必须紧跟时代的步伐。经济学应立足于我国基本国情，紧密贴合我国经济社会发展实践，这就要求经济学学科体系根据国家经济发展、产业结构调整以及技术进步进行动态调整。数字经济本身就是新技术革命的产物，是一种新的经济形态、新的资源配置方式，数字经济能够极大地提高资源利用率，是绿色发展的最佳体现，也为欠发达地区、低收入人群创造了更多参与经济活动、共享发展成果的机会（张新红，2016）。数字经济颠覆了传统的经济学研究范式，深刻改变了产业体系、市场体系、收入分配体系、区域发展体系、绿色发展体系、开放体系和经济体制等（汤正仁，2018）。现行的经济学学科分类尚未将数字经济学纳入经济学的学科体系，缺乏数字经济学的学科分类体系已经严重制约数字经济理论体系的完善和经济学科的建设进程。随着数字经济的经济地位由边缘向中心的过渡，数字经济学学科构建对完善现代经济学学科体系建设的意义越来越大。为适应数字经济时代对经济学学科体系的新需求，促进我国经济学理论发展，我国需要尽早设立数字经济学学科，加强数字经济学学科领域研究。依据数字经济实践经验，系统构建数字经济学的研究对象、研究方法、研究内容等研究框架，进而加快现代经济学学科体系的构建和完善（戚聿东，褚席，2021）。

1.2.2 设立农业数字经济学学科是培养高层次农业数字经济人才的需要

农业数字经济快速发展催生的“新农人”正成为吸纳青年人返乡创业的市场主力。与旺盛的农业数字经济人才需求相对的是，我国正面临农业数字经济人才短缺的困境，农业数字经济人才供给缺口不断扩大。农业数字经济是典型的数据密集型和技术密集型经济，其行业技术壁垒较高，对从业者的知识储备、技术能力、从业经验提出了更高的要求，拥有数字技术的专业技术人员和全局思维的高层次管理人才尤为稀缺。我国的农业数字经济人才培育体系主要采用由政府提供资金支持，政府、企业与高校共同参与的职业技能培训模式，这种单一渠道的培养模式缺乏创新，难以有效整合政府、企业和高校的资源，不能满足农业数字经济人才的培养需要（吴画斌，许庆瑞，陈政融，2019）。现有学科体系下的培养方案、培养目标和培养规格很难适应数字经济多学科融合发展需求，学科体系的固化严重制约了农业数字经济复合人才知识结构。基于农业数字经济人才的供需和培养状况，有必要聚焦农业数字经济学学科建设，研究适应农业数字经济人才发展的培养体系，增强农业数字经济人才培养力度，探索农业数字经济人才的培养模式，积累农业数字经济人才培养经验，满足农业数字经济发展对高素质、综合性、创新性人才的需求，进而为农业数字经济快速发展提供人才支撑。更重要的是，农业数字经济学学科的设立，有利于发挥高校学科优势和资源优势，尤其是农业院校的学科和资源优势，健全高校农业数字经济人才培养体系。比如，设立农业数字经济相关的公共选修课和公共必修课，增加与农业数字经济接触的实践教学机会，有助于提升高校综合性人才培养的质量，实现高校人才培养供给链与数字产业发展的需求链有效衔接。农业数字经济学的设立，可为农业数字经济人才培养营造良好的发展环境，加快农业数字经济人才队伍建设（毛献峰，范艳芹，董鹏，2018）。

1.2.3 设立农业数字经济学学科为我国农业数字经济发展提供理论指导

农业数字经济发展需要全新的方向性、全局性经济理论与思维引导。当数字经济发展出现重大现实问题时，农业数字经济学能准确识别其内部基本矛盾，为解决理论难题提供可供参考的分析框架。农业数字经济学学科的设立有助于形成完善的理论体系、科学的发展观念和以公众社会福利为中心的价值取向，为农业数字经济探索发展规律、创新发展理念、突破发展瓶颈、提高发展质量提供理论支撑和思想引领。此外，农业数字经济的发展超越了产业革命的范畴，其范围不仅涵盖产业经济学、区域经济学、金融学等应用经济学的领域，而且涉及农学、管理学、法学、社会学、哲学等学科门类。农业数字经济学的设立能够推进农业数字经济与其他学科的交叉研究，实现多领域理论研究的协同突破、多学科的交叉融合、跨学科的发展共振。农业数字经济理论跨学科交叉理论的完善，为解决农业数字经济发展问题提供了多样化的解决方法，从整体性、全局性、综合性的角度为数字经济发展指明了方向（戚聿东，褚席，2021）。

1.2.4 设立农业数字经济学是抢占全球数字农业话语权的需要

数字经济的发展，呼唤我们提炼出新的理论术语和话语体系，这是应对全球化和数字化挑战、增强文化自信的必然要求。全球经济发展正步入数字经济时代，从经济发展历史进程来看，每次经济形态的调整，都会带来世界经济版图的重构与全球经济理论话语权的变更。数字经济的迅猛发展对国际竞争体系产生了颠覆性影响，农业数字经济学学科的完善有助于我国抢占农产品国际贸易、农业数字化技术创新、农业数据规制等规则体系的话语权。一方面，数字经济呈现不同于传统经济条件下的旧的国际竞争规律，而是开辟了全球数字经济理论研究新领域，数字经济中梅特卡夫定律、摩尔定律、交叉网络外部性、生态圈竞争等对市场竞争策略提出了新的要求；另一方面，农业数字经济发展给全球竞争体系带来了诸多新问题，如负外部性、数字鸿沟、数字贸易摩擦、数字产业垄断、数字技术风险、数据安全与侵权、隐私保护等。面对数字经济全球化趋势和新的竞争挑战，农业数字经济发展亟须新的经济理论与规制体系支撑。我国是农业大国，唯有针对生机勃勃的农业数字经济实践，准确把握国际农业数字经济发展的趋势，归纳总结具有中国特色的农业数字经济理论框架和规则体系，才能确立和强化我国在全球农业数字经济中的“话语权”，确立与我国经济地位相适应的中国经济学的世界地位（李晓华，2019；王建冬，童楠楠，2020）。

1.3　农业数字经济学的内涵

1.3.1　数字经济的内涵

数字经济的概念最早由美国 IT 咨询专家泰普斯科特于 1996 年在其著作《数字经济：智力互联时代的希望与风险》中提出（闫志月，2019），1998 年其又分别在《数字经济蓝图》和《数字化成长：网络世代的崛起》中探讨了数字技术的应用价值和数字经济的未来发展前景。数字经济，作为经济学概念的数字经济是人类通过大数据（数字化的知识与信息）的识别—选择—过滤—存储—使用，引导、实现资源的快速优化配置与再生、实现经济高质量发展的经济形态。数字经济，作为一个内涵比较宽泛的概念，凡是直接或间接利用数据来引导资源发挥作用，推动生产力发展的经济形态都可以纳入其范畴。在技术层面，包括大数据、云计算、物联网、区块链、人工智能、5G 通信等新兴技术。在应用层面，“新零售”“新制造”等都是其典型代表。虽然经过几十年的快速发展，数字经济已成为引领经济发展的新动力，但是由于数字经济与传统经济的深度融合，对其界定依然十分困难。一是数字技术融合。计算机技术和通信技术在因特网中的融合，引发了广泛社会变革，不断催生出新业态、新模式、新技术。二是数据的融合。数据能够实现对人才、技术、资本等各类生产要素的数字化、智能化改造，推动经济社会的全要素数字化转型，加速不同要素链条在不同行业和不同地域快速成链、结盟、组团、入网、解构（王建冬，童楠楠，2020），数据已成为庞大而精细的社会化生产系统顺利运行的黏合剂。此外，数字技术的快速进步使大批传统产业处于或即将处于数字化改造的进程中，进一步增加了数字经济界定的难度。2016 年《二十国集团数字经济发展与合作倡议》对数字经济进行了明确界定，“数字经济是指以使用数字化的知识和信息为关键生产要素、以现代信息网络为重要载体、以信息通信技术的有效使用为效率提升和经济结构优化的重要推动力的一系列经济活动”（周衍鲁，2020）。数字经济就是让数字产生经济效益，即在经济活动中起到催化、转化以及助推等的作用。因此，作为数字必须在硬件、软件以及决策三个层面做出组合、整合以及综合的组织工作，使得经济活动中的各种要素按照经济活动的要求有效地进行集聚，高速地针对经济活动诉求进行反馈，从而系统化、精准性以及高效性驱使各种经济活动要素形成一个整体，有效地产生经济效益（李晓华，2019；韩耀，唐红涛，王亮，2016）。

数字经济同样是学术界广泛关注的理论焦点。从狭义上看，数字经济可分为支撑的基础设施、电子商务流程和电子商务交易三个部分，甚至有学者将数字经济定义为一个经济部门，即信息通信产业。从广义上看，对数字经济的理解突破了数字技术和电子商务的局限性，可以看作以数字技术为支撑的经济活动的加总。从数字经济实践的角度来看，可以分为产业数字化和数字产业化两个维度。产业数字化是指数字技术对传统产业的数字化、智能化、网络化改造，可视为传统产业存量的提质增效。数字产业化是指以数据为核心生产要素，通过数字技术进行创新与应用的市场化，形成系统、规模的数字产业集群，实现对传统产业形态的丰富，具体包括智慧农业、在线教育、远程医疗、自动驾驶、5G超高清直播、数字金融、智慧物流、共享经济、数字政务等新型产业形态。

数字技术进步带来的数字革命已经渗透到经济、政治、社会、文化等领域，成为推动经济理论革新、社会治理模式调整的中坚力量。经济数字化转型是对传统经济学理论全局的系统性创新，数字化转型正对传统微观经济学中的消费者理论、厂商理论、均衡理论、要素分配理论、产业组织理论等形成挑战。数字经济带来了“边界革命”和新一轮“边际革命”。数字技术的大规模应用不仅极大地压缩了企业内部的组织协调成本和交易成本，而且极大提升了资源配置的能力，企业的治理边界和经营边界得到了极大的拓展。数字经济中正反馈机制和网络外部性逐渐起主导作用，带来了消费者边际效用递增。数字产品的生产过程中遵循边际成本递减和边际收益递增的规律，使得企业生产的规模报酬递增成为可能。以理性经济人为假设的新古典经济学在解释数字技术赋能的数字经济理论问题上力不从心。不可否认，与蓬勃发展的数字经济相比，数字经济学相关理论发展明显滞后，传统经济理论与数字经济理论缺乏有效衔接，数字经济学已成为经济学发展的理论洼地。数字经济学学科设立是响应和服务经济社会发展的需要，若继续沿用现有经济学科理论指导经济社会实践，必将极大削弱数字经济发展活力。例如，共享经济、平台经济、零工经济等新商业模式的产生机理、运行逻辑、市场结构、组织形式、规制体系均有别于传统经济，现有经济学科理论对数字经济新现象解释力不强，相对滞后的数字经济学理论正成为限制数字经济健康发展的瓶颈。

当前，学者们对于数字经济的研究仍基于其他经济学学科门类，且研究大多是零散化、碎片化的，没有从完整的数字经济学学科体系的视角来研究数字经济中的某一具体问题。随着经济社会数字化转型的深入，数字经济学的分析框架与理论体系日益清晰，数字经济学学科从其他经济学科门类中独立出来十分必要。

1.3.2 农业数字经济学的内涵

数字农业的概念最早由美国科学院、工程院两院院士于 1997 年提出。数字农业简单说就是农业数字化，是将信息作为农业生产要素，用现代信息技术对农业对象、环境和全过程进行可视化表达、数字化设计、信息化管理的现代农业。农业农村数字化是生物体及环境等农业要素、生产经营管理等农业过程及乡村治理的数字化，是一场深刻革命。与传统农业不同，数字农业使农业资源的生产、加工、需求、供给、价格等方面都发生本质变化，信息技术渗透到农业生产、管理、加工、营销、运输等环节，与农业农村经济、社会深度融合。数字农业成为农业发展新的驱动力，赋予农业发展新机遇，引领经济增长新时代。

农业数字经济快速发展中出现了两个突出现象：一是农业经济系统中数字化转型普遍存在，数据要素通过不断扩大再生产实现规模爆发式增长，数据应用的广度和深度不断提升；二是数字技术创新频率不断加快，数字经济展现出极强的活力和潜力。相较于传统农业经济体系，农业数字经济学系统内部具有复杂性、动态性、多样性、异质性等特征，从资源的稀缺性和社会福利等视角来研究数字经济不能有效识别其经济特性。

构建农业数字经济学的逻辑起点是分析农业数字经济发展中出现的新问题，研究农业数据生产要素的分配及优化配置，分析农业数字技术的创新应用与农业数字技术对经济形态的影响。农业数字经济中的数据和农业数字技术成为最关键的生产要素，传统经济学的研究角度很难准确理解和把握农业数字经济的发展并构建农业数字经济理论体系。

具体而言，一要研究农业数据要素作为基础资源的催化作用。数据要素与传统要素融为一体，隐藏于物质资本生产、分配、交换、消费的全过程。由于数字技术水平限制和相关经济学理论基础欠缺，一直以来，数据在经济社会发展中的作用和地位未得到充分的重视。传统经济学理论以研究物质资料为主，数字化转型下数据成为全新的生产要素。数字经济发展进一步使要素资源体系繁荣，数据正成为推动经济增长和社会财富积累的最主要动力。《经济学人》杂志（2017 年 5 月 6 日卷）封面文章《世界上最宝贵的资源》一文指出，未来数字经济发展中，数据将取代石油成为后工业时代最为重要的大宗商品。农业数据要素的相关研究应围绕农业数据要素的流通、农业数据要素的估值、农业数据要素的市场配置机制、农业数据要素的产权界定、农业数据要素的治理等问题而展开。具体而言，应包括分析农业数据要素的大规模流通对于要素禀赋结构、传统生产要素的优化配置以及经济增长和产业结构升级的潜在影响；既要关注农业数据要素对个人带来的私人价值，又要关注农业数据要素外部性带来的社会价值，构建客观公正的农业数据要素价值评估标准，探索农业数据要素价值的评估体系和市场交易定价规则；坚持农业数据要素自由流动、开放共享、高效利用的发展理念，研究农业数字要素优化配置和价值开发的具体路径；明晰农业数据要素的产权界定方法与依据，研究制定农业数字产权保护方面的法律法规；探讨农业数据要素的治理模式与监管手段，制定数据治理的战略框架与行动方案。

二要研究数字技术对农业数字经济发展的赋能作用。随着人工智能、大数据、区块链、工业互联网等数字技术产业化应用步伐的加快，数字技术正对农业进行全方位改造，推动农业生产效率的提升与农产品经营模式的创新。比如，农业生产环节的数字化转型使农产品和服务获得竞争新优势，销售环节的平台化趋势解决了信息不对称、降低了营销成本。数字技术开启了公众高品质的数字生活模式，"三网互联"的普及潜移默化地影响了公众的个人偏好和消费习惯等生活特征，个性化、定制化产品和服务逐渐成为消费者追求的对象，网上购物、共享服务等多元化消费模式成为消费主旋律。从农产品企业的角度出发，如何把握数字技术发展机遇与挑战、提高农产品和服务的市场竞争力是农业数字经济学研究的重点。从社会的角度出发，数字技术如何改变农村增收、人民生活方式、提高幸福感，是数字经济学研究的落脚点。

1.4 农业数字经济学的研究对象与内容

1.4.1 农业数字经济学的研究对象

农业数字经济学是主要研究数据、数字技术、农业技术与经济之间的辩证关系及其发展规律的科学，也可以称之为研究数据、数字技术、农业技术与经济矛盾关系的科学。农业数字经济学的研究范畴包括宏观经济问题、中观经济问题、微观经济问题，其中宏观经济问题研究的是农业数字经济学的运行逻辑和经济本质理论的抽象，中观经济问题研究主要围绕农业产业经济、区域经济等领域而展开，微观经济问题主要研究农业的数字化转型，包括农业生产、经营、管理等各个领域（戚聿东，褚席，2021）。

就宏观层面而言，农业数字经济学主要研究农业数字经济的发展规律与经济作用。与传统的农业经济和工业经济相比，农业数字经济中数字技术和数据在经济发展中的作用得到强化，农业生产方式与生产关系发生了显著变化，经济的数字化转型已经渗透到农业生产、分配、交换、消费的全过程。农业数字经济学研究应从概念、历史、性质、方法等基本问题出发，明确农业数字经济在经济中的作用与地位，研究完善农业数字经济统计方式、计算标准、测度指标体系，评估数字经济的规模、结构与特征。重点研究农业数字经济发展对宏观经济的影响，如农业数字经济发展对经济增长、经济周期波动、乡村振兴、农民增收、农产品贸易等方面的影响。在研究农业生产方式与生产关系的发展规律的同时，还要研究优化农业生产方式、整合生产要素、完善生产关系的路径。如何推动农业数字经济可持续发展，也是宏观层面的重点研究方向之一。例如，研究如何为农业数字经济提供合适的经济政策指引和营造良好的发展环境，如何提高农业数字经济发展的质量。

就中观层面而言，农业数字经济学主要研究农业数字产业化、农业产业数字化和农业数字市场等问题。农业数字产业化是农业数据和数字技术产业化的结果，研究内容应包括农业数字产业的发展趋势与规律、农业数字产业的规模测量、农业数字产业的经济影响以及农业数字产业的结构性特征。既包含农业数字产业结构调整对农产品结构、农民收入结构、农民增收等定量实证性研究，又包含对农业产业结构升级和农村经济社会可持续发展等问题的定性判断。农业产业数字化主要探讨农业数据和数字技术提高要素配置效率、激发市场活力、推动农业产业质量变革的内在机制，分析农业数字化转型对传统农业产业的边界、供需、竞争力等方面的影响。农业数字市场是基于数字技术的虚拟市场，虽然农业数字市场对农村经济发展的积极影响日益显现，但是对于农业数字市场的整体认知和理论研究还有待进一步加强。首先，如何更好地发挥农业数字市场的积极作用，降低交易双方信息不对称和交易费用，提高交易效率，将成为农业数字市场的研究重点。其次，农业数字市场可能存在信息诈骗和监管漏洞，侵权、非法集资等网络犯罪行为屡见不鲜，市场制度规制明显滞后，如何保证农业数字市场的健康有序发展是农业数字经济学不容忽视的问题。再次，为适应农业数字市场的发展，研究与之匹配的相关法律法规，明确各农业数字市场主体权责，也是未来农业数字经济学研究的重要课题。

就微观层面而言，农业数字经济学主要研究消费者行为与农产品企业数字化转型问题。关于农业数字经济下消费者行为的研究建立在信息非对称这一基本事实和个人效用最大化的假设前提之下，核心研究内容是农业数据和数字技术对个人经济行为的影响。信息搜寻成本的下降和信息可得性的提升使消费者对农产品质量、成本等有了更深入的了解。在这种情况下，消费者的偏好、预期、支付意愿如何调整，市场中精准营销、逆向选择、道德风险等问题如何演进，都是未来农业数字经济学需要解决的主要问题。农产品企业数字化转型是传统农产品企业利用数字技术和农业数据对农产品生产流程、管理模式、商业模式进行全要素、全流程、全方位的重塑。这一进程降低了生产要素成本，提高了食品安全和农产品可追溯，并通过发展路径变革发掘新商机、探索新模式。面对传统农业转型需要，农业数字经济学的微观研究应围绕如何推动农产品企业数字化转型，并将如何优化政策环境、培育农产品企业创新能力、激发农产品企业转型活力作为农业数字经济学的重点研究方向。

1.4.2 农业数字经济学的研究内容

1. 农业数字经济学的发展

研究农业数字经济发展学科领域下的农业数字经济测度、农业数字经济效益、农业数字经济的发展战略与发展模式、数字经济发展政策。研究完善数字经济统计方式、计算标准、测度指标体系，评估数字经济的规模、结构与特征。

2. 农业数字化产业体系建设

农业数字化不是农业和数字技术的简单叠加，而是从根本上推进农业产业链深层变革，并贯穿农业生产、流通和销售全流程。研究如何建设农业数字化产业体系，推进数字产业链深层变革。一是研究生产环节如何向智能化、信息化转变，采用特色订单、种养结合现代方式，实现量、质提升。如何构建现代“物联网＋智慧农业”，实现农业大数据分析决策、智能管控、科技培训、信息采集发布、农产品质量追溯等全程数字化功能。二是研究如何激活生态要素，拓展生产领域和服务方式。如何通过生态农业、生态旅游，充分利用古老村落、红色故事、绿色森林等独特优势，促进农村产业与生态和谐发展，将生态真正转化为乡村振兴的驱动力和数字农业的关键要素。三是如何融合创新链、延伸产业链、提升农业价值链。农业数字化要依托产品实现价值增值，通过创新链推动农产品标准化和精深加工，降低操作技术门槛，增加产品多样性和附加值，提高产品规模效益，扭转增产不增收局面。

面对农业产业链的深层变革，数字农业产业结构、产业组织将随之发生变革，数字农业产业集群及产业规划将随之产生，要重点研究数字农业技术对数字农业产业结构的动态调整和农业产业结构的优化以及对农村经济社会发展的影响（钟文晶，罗必良，谢琳，2021）。

3. 数字农产品的供求关系

研究如何利用农业数据的准确性来支撑农业生产经营。通过对大量农业信息资料的挖掘，可以大大提高农业生产的科学化、智能化程度，让现代农业经济管理“有理可依”（刘雪芬，2020）。大数据可以有效优化农业产业，提高农业生产活动产出，通过对农业生产外部环境方面的大数据进行分析和挖掘，预测农业生产外部环境的变化动态，相应调整当地农业产业机构，调整种植作物种类，将技术和资金投入最优的农业生产方面（于荣华，薛锋，2018）。研究如何通过共享农业生产、流通等环节的数据可以提高市场透明度，使生产者做出更合理的决策，利用农产品销售数据与市场行情预测农产品价格走势、市场饱和量，避免产品滞销；如何利用市场数据预测市场动向、价格以及市场细分。研究如何通过作物产量、投入成本变化、市场需求、种植成本、运输成本和营销成本数据的分析，预测全国、各省级政府对农产品的价格支持（王一鹤，杨飞，王卷乐，等，2018）。

研究如何利用农产品市场数据的准确性来支撑农产品精准营销。数字农业可有效整合上游农业资源与终端消费者的信息，直接调节农产品生产和消费，实现农产品产销的无缝对接。农民可以利用订单农业影响农业经济市场的深入性，最大限度减少农业成本。研究如何通过采集各地各类农产品的产量、销量，追踪其销售渠道、销售价格，深入挖掘农产品供销信息，掌握未来市场动向，使不同种类、不同品质的农产品可满足市场细分，与市场实现精准对接。农产品市场数据提供了规避一定时期内农业市场风险的可能，提供了预测未来农业市场的变化，包括农产品的价格跌涨、农副产品的市场走向、农产品市场风险防范等内容。以数据作为农业经济管理理论的依据，研究如何利用农产品生产、需求和交易数据来准确预测并实现农产品按需生产和精准营销。

数字技术在农产品稳产保供上的应用与推广，是确保农产品生产区和销售区有效衔接的重要途径。研究如何建立数字化供应链，通过大数据、沉浸式体验等数字技术，提升农产品供应链的透明度和可靠性，提高物流效率、降低不可控风险。借助数字技术推动田间到餐桌的“超短链”，解决农产品前后端两个“一公里”。

1.5 农业数字经济学的研究方法

数字经济学的研究方法与其研究对象、特定问题、任务目标直接关联，是数字经济学学科的重要支撑之一，对数字经济学发展起着关键作用。数字经济下的经济环境与制度基础无时无刻不在发生着变化，这就要求不能固守传统经济学科的研究方法，而应及时对研究方法进行更新，对边界进行延伸与拓展。

数字经济的共享性、包容性、开放性等特征决定了建立在其上的数字经济学学科的交叉性特征，其诞生正是学科体系综合化与融合化的具体表现。数字经济学与多学科交叉融合将成为未来发展趋势，技术创新、产业升级、数据保护、发展规制等已成为数字经济的研究重点，其中所涉及的产业组织理论、经济增长理论、博弈论、均衡理论等理论研究涵盖了现代主流经济学科和前沿研究领域。这些经济领域的研究已经跨越传统经济学科的界限，决定了数字经济学的研究方法必将涉及多学科领域。因此，数字经济学研究方法同样需要技术经济学、产业经济学、政治经济学、社会学、管理学等学科的研究方法作为指导，吸收其他学科的研究方法的精华，将多学科融合研究作为数字经济研究方法的重点方向（李仙娥，2017；潘光辉，罗明忠，2007）。

1.5.1 定量分析与定性分析相结合的研究方法

传统经济中定性分析方法运用得较多，研究的重心主要集中在经济现象的本质方面，结合生产、生活过程中积累的经验进行主观判断，并对经济活动规律和影响机制进行归纳总结，进而演绎出经济学发展的一般规律。定量分析运用现代化科学的分析方法对大数据进行收集、整理、分析，对研究对象的基本假设进行验证和解释，降低了主观价值判断中的主观性，使得分析结果具有更高的客观性。数字经济发展过程中数据资源以及获得数据的手段和方法得到了极大丰富，为定量分析过程中建模分析、可视化表达、运筹规划、经济计量学、经济模拟仿真等研究方法提供了数据支撑。数字经济学理论研究中数学与计量应用将会越来越广泛，定量分析和实证分析在数字经济学发展中将发挥更大的作用。数字经济学中定量分析的加强并不意味着定量分析方法可以完全取代定性分析方法，定性分析对经济现象本质的价值判断为定量分析提供了认知的基础，定量分析的精确研究深化了定性分析的理论认知，两者是互补的关系。在数字经济学的研究过程中，在注重定量分析方法的同时，还应该推动定量分析与定性分析相互融合，这样才能更好地揭示数字经济运行的基本规律与内在联系。

1.5.2 基于大数据分析的研究方法

传统经济中个体数据处于离散状态，个体数据与总体数据缺乏有效的联系，总体数据是个体数据的简单加总。数字经济时代，数据量呈爆炸式增长，个体数据与总体数据互联互通、交叉聚合，数据价值呈指数型增长。大数据具有总量巨大、流通灵活、种类丰富、价值巨大、时效性高五方面的特征。传统经济学实证研究中的计量分析方法和结构化统计无法适应拥有的样本海量、实时、非结构化等特征的大数据分析要求。此外，研究对象的数据由样本变成了总体，基于假设检验的研究方法是不充分的、不完备的、无法满足需要的。大数据时代完成了数据由量变向质变的转换，这就要求经济学研究方法做出相应的调整。

第二章　农业数字资源

2.1　数字资源

2.1.1　数字

在数字经济时代，“数字”有两个方面的含义，即数字技术和数据。

一是数字技术，数字技术的应用极大地提高生产力，扩大经济发展空间，产生新的经济形态，创造新的增量财富，同时也推动传统产业转型升级，优化产业结构，从传统实体经济向新实体经济转型。这里数字技术指的是仍在不断发展的信息网络、信息技术，比如大数据、云计算、人工智能、区块链、物联网、增强现实（AR）或虚拟现实（VR）、无人机、自动驾驶等，并且这些技术仍在不断发展（汤潇，2019）。

二是数据，是事实或观察的结果，是对客观事物的逻辑归纳，是用于表示客观事物的未经加工的原始素材。或使用约定俗成的字符，对客观事物的数量、属性、位置及其相互关系进行抽象表示，以适合在这个领域中用人工或自然的方式进行保存、传递和处理。随着计算机、互联网、移动智能终端的普及，加之移动互联网技术、物联网技术、视频终端的全面应用，万物互联互通的时代正在到来，人人皆为数据，万物皆可数据化。数据特别是大数据（后述对二者不做区分），既是新的生产要素，也是新的消费品。一方面数据作为新的生产要素，不仅能提高其他要素，比如资本、劳动的使用效率和质量，而且将改变整个生产函数，即经济活动的组织形式，通过平台化的方式加速资源重组，提升全要素生产率，推动经济增长。另一方面数据作为新的消费品，其所包含的信息、知识、数字内容、数字产品已经形成了非常大的市场，同时也成为新的财富载体，直播、短视频、数字音乐、新闻推送等产业极富创造力，且增长较快。

数据是数字经济的基础要素，已经像水、电、油一样，渗透到地球的每个角落，渗透到经济社会的每个环节。当前数据已经成为一种新的经济资产类别，就像货币或黄金一样，数据已经成为科技界和企业界关注的热点（大数据战略重点实验室，2017）。一个国家拥有的数据的规模和运用数据的能力将成为综合国力的重要组成部分，对数据的占有和控制也将成为国家间和企业间新的争夺焦点。数据是最有价值的战略资源（侯春海，郭亮，Han，等，2018）。

相比传统的生产要素而言，数据有其独特的生产要素属性。在商品生产过程中，其价值通过人的脑力劳动保存或被转移，而自身融入传统生产要素中，以提高其他生产要素的工作效率。数据本身不创造价值，但数据通过使用之后会引起价值的增加，这是因为数据是使用价值的源泉，而使用价值是价值的载体，因此数据也是实现价值创造的重要条件，是影响生产者实现商品价值并获得更多价值的重要因素。在人工智能技术的推动下，数据创造使用价值的能力被极大增强，这使得劳动者单位时间内生产出的使用价值增加，从而使得劳动生产率提高（郑雪静，2020）。

2.1.2 资源

资源指的是一切可被人类开发和利用的物质、能量和信息的总称，它广泛地存在于自然界和人类社会中，是一种自然存在物或能够给人类带来财富的财富（方智明，2008）。或者说，资源就是指自然界和人类社会中一种可以用以创造物质财富和精神财富的具有一定量的积累的客观存在形态，如土地资源、矿产资源、森林资源、海洋资源、石油资源、人力资源、信息资源等。资源的价值在于共享和利用（章翔，2009）。

资源一般可分为经济资源与非经济资源两大类。经济学研究的资源是不同于地理资源（非经济资源）的经济资源，它具有使用价值，可以为人类开发和利用（章翔，2009）。一般来说，经济学中的资源指的是通过使用或直接为企业、社会产生效益的东西，如土地、人、设备、厂房等。

当今世界的三大资源：物质、能源、信息。作为资源，物质为人们提供了各种各样的材料，能源提供各种各样的动力，信息提供各种各样的知识。

2.1.3 数字资源

数字资源即数字化的知识和信息，包括声音、图像、视频、文字、符号等（郑雪静，2020），是经过一定程度加工整序过的、一个个相对独立的不同类型不同学科的数字资源系统，不包括网上无序的和自身没有控制的数字资源，是数字经济的关键生产要素、新能源（王月，阎慧，梁家林，等，2018）。对于数字资源，有狭义和广义之分：狭义的数字资源指的是数据本身或数据内容，即经过加工处理，对决策有用的数据。从开发利用的角度看，资源的目的就是为了充分发挥数据的效用，实现信息的价值。广义的数字资源指的是数据活动中各种要素的总称。“要素”包括数据、技术以及相应的设备、资金和人等。狭义的观点突出了数据是数字资源的核心要素，但忽略了“系统”（李定超，2018）。广义的观点突出了要素之间的相互作用，除了数据作为核心要素，还需要技术、设备等“支持”部分进行有机的配置，才能发挥数据作为资源的最大效用。

在数字经济时代，数据的应用渗透到经济社会的各个领域，数字资源在产品和服务的生产中逐渐发挥与劳动力、资本、技术等具有同等重要的基础性作用，业已成为生产产品和服务不可或缺的一项生产要素（郑雪静，2020）。

2.1.4　数字资源的特征

1. 数字资源的一般特征

（1）共享性。数据可以重复使用，不断产生新的价值。更多的人可以更充分地使用已有数据资源，减少资料收集、数据采集等重复劳动和相应费用（陈欣，2005）。

（2）时效性。只有时机适宜，数据才能发挥效益。

（3）动态性。数据资源是一种动态资源，呈现不断丰富、不断增长的趋势（李定超，2018）。

（4）支配性（即驾驭性）。支配性是指数字资源具有开发和支配其他资源的能力。

（5）导向性。数字资源的利用具有很强的目标导向，不同的数据在不同的用户中体现不同的价值（和欢庆，2007）。

（6）经济性。它是社会财富，任何人无权全部或永久买下数据的使用权；它是商品，可以被销售、贸易和交换（袁栋梁，2011）。

（7）整合性。人们对其检索和利用，不受时间、空间、语言、地域和行业的制约（和欢庆，2007）。

（8）流动性。数据可以通过多种渠道、采用多种方式进行传递、流动、传播。

2. 数字资源作为经济资源的特征

（1）需求性。数据作为生产要素的人类需求性。

（2）稀缺性。稀缺性是经济资源最基本的经济学特征，数据作为资源也不例外（王凌芳，2008）。

（3）可选择性。数字使用方向的可选择性，数字资源的有效配置问题。

3. 数字资源的优点

随着网络的飞速发展，因互联网具有覆盖面较广、信息容量较大等特点，数字资源主要是依托在网络基础上的。数字资源具有以下一些优点。

（1）更新速度快，传播快，每年新增信息中有92%都是以数字资源的形式产生的。

（2）存储容量大，体积小，方便移动及搬迁。传统的纸质资源存放占地大，搬迁十分不方便。

（3）检索方便、资源共享，不受时空限制。数字资源可以使用检索工具同时输入几个相关的关键词，而且可随时随地不受空间和时间的限制，可供多人同时查阅，而纸质资料只能一篇一篇地翻阅，而且在数量上比较有限，无法突破这些局限。

（4）信息类型多种多样，形式上较为丰富。数字资源不仅可以提供文字性的资料，还有视频、图像、音频等多媒体的信息资源（王静瑜，2013）。

2.1.5 数字资源的发展

1. 数字资源的发展阶段

（1）四阶段划分法。

①传统管理阶段。20世纪50年代至70年代，以图书馆、情报所为代表的文字数据资源管理。

②信息管理阶段。20世纪70年代末至80年代，以计算机应用和数据处理为典型代表。

③数据资源管理阶段。20世纪80年代至90年代，以网络平台、大量数据库、信息处理技术为代表，信息交换、信息共享、信息应用为内容，视信息资源为主要经济资源进行管理的信息资源管理（袁栋梁，2011）。

④知识管理阶段。20世纪90年代至今。知识管理的形成与发展是建立在信息资源管理的缺陷的基础上，它更加重视与人交流，重视学习，重视知识资产，竞争优势与创新。将结构化信息与非结构化信息和人们利用信息的规则联系起来，做到了对知识更好地利用（宋晓颖，孙新光，2011）。

（2）三阶段划分法。

①数字化阶段。20世纪80年代随个人计算机的大规模普及应用而开始的以单机应用为主要特征的数字化阶段。

②网络化阶段。20世纪90年代中期随互联网的大规模商用进程而开始的以互联网应用为主要特征的网络化阶段（邓和平，2020）。

③智能化阶段。经历互联网快速发展二十余年的积累和储备，全球数据暴发增长、海量集聚，其基础性和战略性凸显。信息化建设的第三波浪潮，以数据的深度挖掘和融合应用为主要特征的智能化阶段正在开启（梅宏，2019）。

2. 数据资源的发展趋势

（1）数据的资源化。数据的资源化是指数据成为企业和社会关注的重要战略资源，并已成为大家争相抢夺的新焦点。因而，企业必须要提前制定大数据营销战略计划，抢占市场先机（米沃奇，2018）。

（2）同云计算的深度结合。数据离不开处理，云处理为数据提供了弹性可拓展的基础设备，是产生数据的平台之一。自2013年开始，数据技术已开始和云计算技术紧密结合，预计未来两者关系将更为密切。除此之外，物联网、移动互联网等新兴计算形态，也将一齐助力大数据革命，让数据营销发挥出更大的影响力（米沃奇，2018）。

（3）科学理论的突破。随着大数据的快速发展，就像计算机和互联网一样，数据很有可能是新一轮的技术革命。随之兴起的数据挖掘、机器学习和人工智能等相关技术，可能会改变数据世界里的很多算法和基础理论，实现科学技术上的突破（米沃奇，2018）。

（4）数据科学和数据联盟的成立。数据科学未来将成为一门专门的学科，被越来越多的人所认知。各大高校将陆续设立专门的数据科学类专业，也会催生一批与之相关的新的就业岗位。与此同时，基于数据这个基础平台，也将建立起跨领域的数据共享平台，之后，数据共享将扩展到企业层面，并且成为未来产业的核心（陈硒，2017）。

（5）数据泄露泛滥。未来几年数据泄露事件的增长率也许会达到100%，除非数据在其源头就能够得到安全保障。可以说，在未来，每个财富500强企业都会面临数据攻击，无论他们是否已经做好安全防范（丁云建，2016）。所有企业，无论规模大小，都需要重新审视今天的数据安全定义。在财富500强企业中，超过50%将会设置首席信息安全官这一职位。企业需要从新的角度来确保自身以及客户数据，所有数据在创建之初便需要获得安全保障，而并非在数据保存的最后一个环节，仅仅加强后者的安全措施已被证明于事无补（苟廷国，2018）。

（6）数据管理成为核心竞争力。数据管理成为核心竞争力，直接影响财务表现。当“数据资产是企业核心资产”的概念深入人心后，企业对于数据管理便有了更清晰的界定，将数据管理作为企业核心竞争力，持续发展，战略性规划与运用数据资产，成为企业数据管理的核心。数据资产管理效率与主营业务收入增长率、销售收入增长率显著正相关。此外，对于具有互联网思维的企业而言，数据资产竞争力所占比重为36.8%，数据资产的管理效果将直接影响企业的财务表现（米沃奇，2018）。

（7）数据质量是BI（商业智能）成功的关键。采用自助式商业智能工具进行数据处理的企业将会脱颖而出。其中要面临的一个挑战是，很多数据源会带来大量低质量数据。想要成功，企业需要理解原始数据与数据分析之间的差距，从而消除低质量数据并通过BI获得更好的决策效果（米沃奇，2018）。

（8）数据生态系统复合化程度加强。数据的世界不只是一个单一的、巨大的计算机网络，而是一个由大量活动构件与多元参与者元素所构成的生态系统，终端设备提供商、基础设施提供商、网络服务提供商、网络接入服务提供商、数据服务使用者、数据服务提供商、触点服务、数据服务零售商等一系列的参与者共同构建的生态系统（陈硒，2017）。而今，这样一套数据生态系统的基本雏形已然形成，接下来的发展将趋向于系统内部角色的细分，也就是市场的细分；系统机制的调整，也就是商业模式的创新；系统结构的调整，也就是竞争环境的调整等，从而使得数据生态系统复合化程度逐渐增强。

2.2 农业数字资源

2.2.1 农业数字资源

农业数字资源是指以数字化存储、结合网络和计算机系统管理的在农业生产、经营、管理、销售、投资等活动中形成的数字资源，在形式上主要包括数据库数据、电子文件、图片、视频、音频、网页、遥感影像等，把这些内容进行加工整合后就成为农业数据产品。农业数字资源位于现代农业数据处理的中心。

2.2.2 农业数字资源的特征

农业数字资源除了上述数字资源的特点，还包含农业领域独有的特征。

一是数据涉及领域广。纵向看，包括种植业、畜牧业、渔业的全产业链数据；横向看，涉及生产、经营、管理、服务等数据。

二是数据跨越周期长。农业生产周期一般以年为单位，同一个数据类型在不同年份也有变化。例如，冬小麦生长的积温和水盐动态差异较大，直接影响其关键时期生长发育。

三是数据采集难度大。农业受自然因素影响较大，而且数据采集又涉及生物、环境、经济、社会等方面，数据采集难度大，有的数据指标采集目前尚没有合适的传感器。

四是数据处理较为繁杂。农业生产是一个开放的复杂巨系统，数据维度众多，数据处理困难大（周国民，2019）。

2.2.3 农业数字资源的分类

按照共享性、唯一性、独立性、稳定性和内聚性的特点，对农业领域的业务数据进行分类。

（1）农业资源与环境数据。主要包括基础地理信息、能源信息、遥感信息资源、农业自然资源、农业生态环境等信息（邓福军，2007）。

（2）农业综合数据。主要包括组织机构、经济、人口及就业、金融及投资、土地管理、灾害、舆情等信息。

（3）农村社会数据。主要包括农村公共设施、农村扶贫、综合服务、休闲农业等信息。

（4）农业基础设置与装备数据。主要包括农田基础设施、畜禽养殖基础设施、水产养殖基础设施、特种养殖基础设施、农业物联网设施、农业机械装备等信息。

(5) 农业规划与布局数据。主要包括农业区划、农业功能区、高标准农田等信息。

(6) 农业生产数据。主要包括农业投入品、种植业生产、畜牧业生产、水产业生产、特种农业生产、成本效益、物联网监测等信息。

(7) 农产品加工数据。主要包括粮食加工、油料加工、畜产品加工、水产业加工、果蔬产品加工、综合加工等信息（李晓梅，2017）。

(8) 农产品流通与消费数据。主要包括仓储及物流、农产品市场、农产品销售、农产品消费、进出口贸易、农产品品牌等信息（杨叶勇，2013）。

(9) 农产品价格及指数数据。主要包括综合指数、种植业价格及指数、畜牧业价格及指数、水产品价格及指数等信息。

(10) 农业科技与教育数据。主要包括科研机构、科技园区、科研人员、科研仪器及设备、科研成果、教育培训、农技推广等信息。

(11) 农业监管数据。主要包括农业标准、农产品认证、农产品监管、农产品追溯、生产资料监管等信息。

(12) 政策与法规数据。主要包括政策法规、行政许可、行政执法等信息。

(13) 国际合作数据。主要包括发展规划与计划、交流及事务、国际农业政策及发展动态、全球农业等信息（梁栋，唐文凤，杜维成，等，2019）。

2.3　农业数字资源的未来发展

与其他领域的数字资源应用相比，农业数字资源的应用发展还在起步阶段，但农业数字资源已成为现代农业新型资源要素，引领现代农业的发展。根据当前我国农业数字资源发展的现状，为了进一步促进我国农业数字资源发展，除了加强农业数字资源发展的顶层设计、关键技术攻关、人才培养之外，以下几个方面也需要特别关注（周国民，2019）。

2.3.1　平台和数据的关系问题

农业数字资源的核心在于数据，除了建设体系化的农业数字采集系统之外，还需要建立各类管理平台和业务平台，使得各类平台成为重要的数据源。应该依托云计算实现业务工作平台化，并利用平台中产生的数据在农业生产、经营、管理、服务等领域进行应用。

2.3.2　需求和应用问题

农业数字资源要发挥真正作用，必须以解决实际农业问题为导向，实现需求驱动，让数据应用产生实际价值。要以受众获利为切入点进行数字资源体系建设，通过数字应用帮助农民提质增效，才能实现农业数字应用的可持续发展。

2.3.3 交易和共享问题

只有建立农业数字资产交易机制，让数字资源变成数字资产，解决农业数字共享的利益机制，才能形成良性发展的农业数字应用生态圈。农业数字资产交易机制的建立有助于让农业数字资产在各交易主体间顺利流通，进一步打通不同区域、不同部门之间的数据通道，促进农业数据的流动与共享。

第三章　农业数字资源生产加工及管理

农业数字资源的生产和加工主要包括采集、存储、传输和加工等过程，是农业数字经济的基础。

3.1　农业数字资源的生产

农业数字资源生产是指将农业要素数字化并进行有效采集、存储、传输的过程（王文生，郭雷风，2016）。数据是数字农业的基础资源，近年政府与企业多在数据采集上投入重金。然而，由于缺乏明确的业务化方向和必要的数据运营技能，对获取数据的质量控制、分析加工和建模应用方面的工作相对滞后。数据的获取与应用是一个双向互动的过程，只有不断尝试利用数据产生业务价值，才能建立有价值的数据采集渠道（马丽，2020）。

3.1.1　农业数字资源的来源

从目前发展情况分析，农业数字资源的来源主要包括以下几个方面。

（1）农业物联网数据。物联网技术能实时获取大量农业数据，是农业数字数据的主要来源，为农业数字化奠定了基础。物联网技术可以用来解决农业领域的独特问题，各种基于物联网的应用，如精准农业、智能灌溉和智能温室将推动农业过程的改进。

农业物联网是指通过各种仪器仪表实时显示或作为自动控制的参变量参与到自动控制中的物联网，其主要设备包括各种类型的传感器、视频监控和自动控制系统等。目前，物联网系统获取的数据涵盖农作物生长环境、农作物生长历程、农产品生产流通等各个方面。随着多学科的交叉综合，仿生传感器、电化学传感器等新一代传感器技术、光谱分析仪、多光谱、高光谱、热红外等信号探测方法，人工智能识别等前沿科技应用于农业物联网系统，以及诸如手机、笔记本电脑、平板电脑等移动终端的普及，物联网数据采集越来越频繁，数据量越来越大，图片、视频等数据格式激增（王文生，郭雷风，2015）。

（2）农业遥感和农业无人机数据。农业遥感和农业无人机数据是指通过卫星遥感监测、地面无人机航拍等手段获取的，对地面农业目标进行大范围、长时间或实时监测的影像数据，以及经过遥感技术处理后得到的二次产品数据。遥感技术获取数据范围大、速度快、周期短、信息量大，能够客观、准确、及时地反映作物生长态势。目前，农业遥感技术成熟应用于农用地资源的监测与保护、农作物大面积估产与长势监测、农业气象灾害监测、作物模拟模型等方面。随着高分辨率、高光谱遥感技术的发展和应用，农业遥感数据获取的精度逐渐提高，数据量急剧增加，数据格式也越来越复杂（王文生，郭雷风，2015）。

（3）农业网络数据。农业网络数据指利用网络爬虫技术对涉农网站、论坛、微博等进行动态监测、定向采集获得的数据。随着网络直播、短视频、朋友圈等社交网络的流行，许多农户、农场主也参与其中，利用网络平台对自家农产品进行定向宣传、联系销售商家、进行线上支付等。农业网络数据相对分散，可通过网络爬虫建立移动的规则，采用广度优先或深度优先的策略对数据源进行定向跟踪、对获取的数据进行归类整理。农业网络数据是在互联网层、移动社交层对农业各方面的客观反映，具有规模大、实时动态变化、异构性、分布性、数据涌现等特点（王文生，郭雷风，2015）。

（4）科研及农户生产经验数据。科研及农户生产经验数据是涉农领域科研院所、高校、科学家等从事农业科学研究产生的相关成果，或农户在长期农业生产活动中积累的有关作物育种、精耕细作、作物增产、农业气象等方面的经验。目前，各级政府、部门加强建设科学数据共享中心，组织国家科研项目汇交工作、推动科学数据共享利用，农业领域的科研数据也已形成专业数据平台，如国家农业科学数据共享中心、智慧农业大数据共享平台、农业科技信息资源共建共享平台等。由于农户分散、种植管理经验因人而异且很难建立统一的数据整理模式，对农户经验数据的获取难度较大，也是目前开展农业大数据建设工作中容易忽视的问题（姜侯，杨雅萍，孙九林，2019）。

3.1.2 农业数字资源采集

农业数字资源现有的采集方式，主要包括以下四种渠道：一是通过传统的数据调查、电话、邮件、手工录入等农业信息采集系统获取数据；二是通过农业业务应用系统获取数据，如测土配方、土地确权登记等信息系统处理业务中产生的数据；三是通过农业智能设备采集数据，如通过农业物联网、农业遥感等方式；四是通过互联网方式获取数据，如抓取农产品电商平台交易的数据等。

农业数字资源采集，应以服务乡村振兴战略实施为目标，用信息化的手段，用大数据的思维，来完善和丰富采集方法，拓展采集范围，创新采集模式。现有的农业统计采集指标，还缺少农村治理、农民生活有关指标，需要进一步完善指标体系。随着数字农业的发展，既要进一步运用互联网、物联网、遥感等信息化手段提升数据获取效率，也要充分发挥已有信息系统（如 12316

“三农”服务系统、信息进村入户工程、益农信息社等）的作用，特别是要更充分地利用手机的服务功能，在向农民提供信息服务的同时获取相关数据资源。

农业数字资源采集，应做好农业农村数字资源的采集标准的建设。完善农业农村数字资源的采集标准，主要是针对技术标准进行完善。按照实际需求，科学制定相应数据采集标准。应由业务部门牵头，信息部门配合，制定农业数字资源采集考核办法，对数字资源采集的实际执行情况进行考核，并对采集标准和流程进行不断优化和完善（梁栋，唐文凤，杜维成，等，2019）。

3.1.3　农业数字资源存储

基于农业数字资源的现状，结合未来农业领域业务发展和 IT 技术发展趋势，农业数字资源的存储必须从两个方面考虑，既要满足传统的数据存储，也要满足大数据存储的需求。传统的结构化数据，一般采用关系型数据库进行存储，这也是大多数应用数据库采用的结构化数据存储方式。海量的结构化数据，应考虑采用大数据存储技术解决。在信息化新技术不断应用进程中，农业遥感、设施农业物联网图片、视频等海量非结构化数据的采集，应采用大数据的存储模式，在解决海量的存储问题的同时，可以保证存取效率，能保证数据的安全性。另外，将结构化存储与非结构化存储分离，避免相互影响。同时，要进一步探索新形势下大数据存储的技术方案，研究大规模并行处理计算机、Hadoop 及大数据一体机等相关技术，为农业大数据的开展提供实用的存储基础环境（梁栋，唐文凤，杜维成，等，2019）。

3.2　农业数字资源加工

由于农业农村领域行业众多，业务复杂，数据质量参差不齐，要获得具有一定逻辑关系的、质量较高的数据，对数字资源的加工处理是非常重要的一个环节。这个过程主要包括数据质量校验、清洗转换、质量提升、数据脱敏、数据整合等。

3.2.1　数据质量校验

数字资源加工处理中，当产生严重的数据污染等事件时需要告警和阻塞数据处理链路，最大限度地减少由于上下游数据质量而产生的问题，需要对数据进行校验。数据质量校验是监控数据管道中，确保生产者、处理阶段以及消费者的数据的正确性、一致性和及时性的一项系统工程。数据质量校验包括对获取的农业数据完整性、一致性、及时性、有效性、准确性、真实性进行校验。

数据质量校验的形式，根据数据质量校验的对象，可以分为两种形式：离线检查，指对一些数据集进行离线检查；实时检查，指对数据处理流进行实时检查。根据校验范围，还可以分成两种形式：抽样检查——效率高，资源消耗不大；全量检查——效率低，全覆盖，资源消耗大。

3.2.2 数据清洗转换

数据清洗就是把原始数据中的“脏”数据“洗掉”，其任务是过滤那些不符合要求的数据，将过滤的结果交给业务主管部门，确认是否过滤掉还是由业务单位修正之后再进行抽取。不符合要求的数据包括不完整的数据、错误的数据、重复的数据三大类（张毅，2007）。数据清洗转换包括对获取的农业数据进行纠正错误、删除重复项、统一规格、修正逻辑、转换构造和数据压缩等，在这个过程中需要业务部门和信息部门的配合完成（鞠婷，2019）。

数据清洗是一个反复的过程，不可能在几天内完成，只有不断地发现问题，解决问题。对于是否过滤、是否修正，一般要求客户确认。对于过滤掉的数据，写入 Excel 文件或者数据表，可以向业务单位发送过滤数据的邮件，促使他们尽快修正错误，同时也可以作为将来验证数据的依据（尤瑞红，2011）。数据清洗需要注意的是不要将有用的数据过滤掉，对于每个过滤规则认真进行验证，并要用户确认（Megan Squire，2016）。

3.2.3 数据质量提升

数据质量管理是指对数据全生命周期可能出现的各类问题，进行识别、检测、度量、预警以及处理等一系列管理活动。通过数据质量管理，提升数据的价值，有高质量的数据可用，有高价值的数据可用，对管理决策领域发挥积极有效作用。数据质量提升包括对残缺值和空值进行丢弃等。

数据质量管理贯穿数据的全生命周期，是一个长期的、需要持续开展的工作，需要业务人员和技术人员共同努力，才能获得高质量的数据，满足数据的完整性、规范性、一致性、准确性、唯一性和及时性等需求（刘云波，2020），持续提升数据价值，支持业务管理和业务决策，让高质量的数据成为农业持续发展的驱动力（EA World，2020）。

3.2.4 数据脱敏

数据脱敏是指对某些农业敏感信息通过脱敏规则进行数据的变形，实现敏感数据、隐私数据的可靠性保护。在涉及客户安全数据或者一些商业性敏感数据的情况下，在不违反系统规则的条件下，对真实数据进行改造并提供测试使用，如身份证号、手机号、卡号、客户号等个人信息都需要进行数据脱敏（姜唐，2018）。数据脱敏通过对敏感信息采用脱敏方式进行匿名化，防止因生产库中的主要数据，明文显示在测试系统中，导致数据泄漏问题。业界常见的脱敏规则包括替换、重排、加密、截断、掩码，用户也可以根据期望的脱敏算法自定义脱敏规则。

良好的数据脱敏实施需要遵循如下两个原则：第一，尽可能地为脱敏后的应用保留脱敏前的有意义信息；第二，最大限度地防止黑客进行破解。数据脱敏分为静态数据脱敏和动态数据脱敏。静态数据脱敏，是数据的“搬移并仿真替换”，是将数据抽取进行脱敏处理后，下发给下游环节，随意取用和读写的，脱敏后数据与生产环境相隔离，满足业务需求的同时保障生产数据库的安全。动态数据脱敏，在访问敏感数据的同时实时进行脱敏处理，可以为不同角色、不同权限、不同数据类型执行不同的脱敏方案，从而确保返回的数据可用且安全（华为云开发者社区，2021）。

3.2.5　数据整合

数据整合是把在不同数据源的数据收集、整理、清洗，转换后加载到一个新的数据源（马鸿健，仪淑英，张耘凡，等，2020），为数据消费者提供统一数据视图的数据集成方式，即数据整合是共享或者合并来自两个或者更多应用的数据，创建一个具有更多功能的应用的过程。

3.3　农业数字资源管理

3.3.1　农业数字资源数据管理

（1）数据模型管理。数据模型是指农业农村领域涉及的应用系统中结构化数据的概念模型、逻辑模型和物理模型。数据模型管理工作流程包括数据模型新建审批流程、数据模型变更审批流程。各业务单位和信息单位应相互配合，依据国际、行业和企业标准建立农业农村领域统一的数据模型，包括主题数据库模型、大数据存储模型等，并使用数据模型管理系统进行管理。

（2）信息分类编码管理。信息分类编码管理包括农业信息分类编码对象的识别，编码规则定义与维护，编码记录维护、变更、使用和执行等。对编码对象的新增、删除、修改、查询、排序、导入等操作进行维护，利用线分类法、面分类法和混合分类法制定编码规则，并对编码记录进行维护。

（3）元数据管理。农业元数据是对农业数据的描述信息，根据其属性的不同，元数据可分为技术元数据和业务元数据。元数据管理包括元数据的定义、收集、管理和发布的方法、工具及流程。元数据管理工作流程包括改造或新建信息系统的元数据采集、检核流程，信息系统变更的元数据采集、检核流程。通过元数据的采集、存储、整合与控制等管理，实现元数据的标准化和集中化，提升农业数据质量管控能力。

3.3.2　农业数字资源质量管理

农业数字资源质量管理是为了满足信息利用的需要，对信息系统的各个信息采集点进行规范，包括建立模式化的操作规程、原始信息的校验、错误信息的反馈、矫正等一系列的过程。农业数字资源质量管理包括定义数据质量需求，即准确性、一致性、完整性、及时性、有效性等；自上而下或自下而上剖析、分析和评估数据质量；定义具有可度量、业务相关、可控、可跟踪等特性的数据质量指标；定义数据质量业务规则，使用工具测试和验证数据质量要求；通过流动式和批量测量方式持续测量和监控数据质量；清洗和校正数据质量缺陷；数据剖析、解析和标准化，数据转换、识别和匹配、改善、形成报告；设计并实施数据质量管理操作程序；数据质量需要平衡性价比。目前大数据、人工智能正快速发展，数据质量越来越受到重视，社会上已经出现许多数据质量治理的产品。农业领域业务繁多，数据复杂，数据质量参差不齐，要根据实际情况选择合适的数据治理产品，开展农业农村数据质量治理的工作，为大数据和人工智能在农业农村领域的应用打好基础。

3.3.3 农业数字资源安全管理

农业数字资源安全包括管理安全和技术安全两个方面。管理安全包括安全管理组织、信息安全制度、应急响应支援体系、信息安全配套管理、涉密信息监督管理等五个方面；技术安全包括物理环境安全、计算环境安全、区域边界安全、通信网络安全和安全管理中心五个方面。农业数字资源的建设应在完整的农业信息安全体系下开展。《信息安全技术网络安全等级保护基本要求》(GB/T 22239—2019) 已经正式发布，由于业务目标、使用技术、应用场景方面发生了变化，不同的等级保护对象会以不同的形态出现，在基础信息网络、信息系统、云计算平台、大数据平台、物联网系统、工业控制系统等方面，面临的威胁有所不同，安全保护需求也会有所差异（卢方建，2019）。由于农业领域涉及大量设施农业设备，农业物联网、农业大数据的安全将面临更多的威胁和挑战。因此，在新的网络信息安全要求下，要针对农业大数据的不同应用场景，开展安全体系的升级和完善，进行全面安全防护，确保农业关键信息基础设施的安全（梁栋，唐文凤，杜维成，等，2019）。

第四章　农业数字资源的利用

4.1　消费者对农业数字资源的认知

数字作为农业变革的助推器，人工智能、大数据和物联网等高级数字技术正在慢慢渗透到农业的各个环节，这些物质要素数据信息技术逐步汇集成一个庞大的农业数字资源体系，本节让我们来重新认识农业数字资源。

4.1.1　农业数字资源与传统农业资源的联系

传统农业以“人”和“土地”为核心要素，劳动主体人基于土地资源进行农业生产活动。其中包括育种、灌溉、施肥、饲养、疾病控制、运输和销售等活动，所有这些活动都依靠“人”。故传统农业资源主要是包括农业自然资源和农业经济资源。传统农业自然资源（如土地资源、水资源、气候资源和生物资源等），即农业生产可以利用的自然环境要素（闫国宾，2012）。农业经济资源（如农业人口和劳动力的数量和质量、农业技术装备，包括交通运输、通信、文教和卫生等农业基础设施等），即直接或间接对农业生产发挥作用的社会经济因素和社会生产成果（陈银娥，2010；陈英海，2014）。

数字农业是利用数据信息技术对农业对象、环境、生产、经营服务等全过程管理的新农业形态（张琳等，2020）。数字农业以数据为核心生产要素，在数字农业模式中，数字设备（如野外摄像机、温度和湿度监控、土壤监控、无人机航拍等）实时生成“数据”，处理信息，决策制定和正确实施。提供数据和技术支持，维护智能物流和各种风险管理方法，从而提高农业产业链的效率并优化资源分配效率。推动农业从劳动密集型转向资本密集型，改变农业的生产和服务方式（张百鹏，2012）。所以在数字农业化过程中，农业数字资源除了传统农业资源所包含的自然资源和经济资源外，还有农业数据资源、农业技术资源、农业物联网资源、生产管理资源、农业经营服务资源等数字资源。

总的来说，农业数字资源是传统农业资源的发展和延伸，农业数字资源是数字农业发展带来的附加资源，而传统农业的资源是农业与生俱来的。可以说，没有传统的农业资源就没有数字农业化的资源，传统的农业资源是数字农业化资源的来源，是数字农业资源的发展根基，数字农业化资源是在生产力水平不断提高农业发展的必然结果。

4.1.2 农业数字资源的组成

以物联网、大数据、精准化和智能化控制为核心的数字化技术是当前经济社会发展的重要推动力，其本质是利用信息技术改造提升传统产业。农业数字化通过数据化、在线化业务，依托各种数据技术要素，利用各种资源发展，实现农业生产数字化、精准化以及智能化，数字化农业资源管理的高效化，农业数字化产业投资金融资源的合理化，人才培养及人力资源整合的科学化，产品销售的网络化、营销手段的数据化，购买选择产品的自由化等目标。

1. 生产管理技术资源

农业数字资源主要包含农业物联网资源、农业大数据资源、精准农业资源、智慧农业资源四部分。生产作为农业产品提供的始端，用于农业生产的技术尤为重要，技术的改进大大地提高了产品质量产量（郭恬，高志强，2020）。本书主要介绍现代农业发展所涉及的技术资源，即农业数字生产技术资源，主要包含农业物联网技术资源、农业大数据技术资源、精准农业技术资源、智慧农业技术资源。

（1）农业物联网资源。农业物联网是一套数控系统。在特定的封闭系统中，连接了以探头、传感器、摄像机和其他设备为基础的物物相联。它根据特定的参数和模型执行自动控制和操作，因为它需要基于硬件的投资和联网，所以投资额相对较高，主要用于农业生产过程的管理，也用于农产品的加工、仓库储存和物流管理。例如，优质牛肉的生产受到维生素 A 对牛体的影响，牛瞳孔的收缩与牛体内维生素 A 的含量有关。因此，如果缺乏维生素 A，根据视觉提出 PLS－DA 诊断模型，提醒育种人员及时补充。传统的畜禽养殖场含有大量的甲烷、二氧化硫、氨气等。在这种环境下，动物长期接触有害物质无助于它们的健康成长。优化畜禽养殖场的环境、饲喂设备可以监控动物饲料的摄入量、用水量等，确保及时反映畜牧业和家禽的健康状态。以基于计算机角度的培育肥猪的自动行为分析，实时跟踪的动态目标和其他技术为例，针对肥猪的实时数据目标基本信息，例如排便量、睡眠时间、进食和饮水时间、次数等，目标可识别猪的异常行为并监控监视。肥猪的生长状况和对异常行为的精确警报，过去只能手动发现此类问题。此外，智能采蛋机器人可以通过其头部（类似于人眼）的摄像头来检测定型物体，使其能够按照预定的巡逻路线运行 24 小时，这种类型的机器人特别适合散养的大型养鸡场。

（2）农业大数据资源。农业大数据是一个与农业物联网相对应的概念。它是在开放系统中收集、标识数据并建立数据库的数据系统。它通过参数、模型和算法来组合和优化多维海量数据，为生产运营和业务决策提供依据，并实现部分自动控制和运营。由于它是在完全开放的系统中运行，因此主要用于田间农业生产以及整个农业产业链的运营和管理。从生产计划、种植前的准备、种植期的管理到收获，每年都要做出许多决策，这些决策大多数都联系在一起，如果选择了错误的步骤，则必须忍受减产的后果。影响作物生长的因素很多，如土壤、气候、水分、品种、病虫害和杂草等，作物产量是这些因素的综合结果。因此，在现代农业领域，农民根据经验做出决策是远远不够的，他们还需要依靠科学、概率和专业分析来做出最佳决策（佚名，2016；温靖，郭黎，黄珊瑜，等，2019）。大数据使农民可以使用移动设备来管理他们的农场。他们可以掌握实时的土壤水分、环境温度、农作物状况等信息，根据这些数据做出更科学合理的决策，大大提高了管理的准确性。

（3）精准农业技术资源。精准农业是农业发展的新课题。为了满足信息社会发展的需要，美国和其他发达经济体在1980年后期引入了LISA（低可持续性农业投入）。精准农业也称为精确农业和精细农业，是基于信息和知识管理的现代农业生产系统（丁红娟，2009）。它基于农业机械的运行和操作系统，配备了智能控制工具和软件控制，以适应灵活的控制以及最佳的工作环境和场景。

与传统农业相比，精准农业最大的不同在于它运用数字技术和科学的管理方法来对有限的土地资源最大的获取，主要体现在农业生产方法的精确性和创新性上，农业资源在农业生产的运作和管理中精准的投入，农业土地的精准耕种和农业产出的高质量、高效率和低消耗（王维亮，潘多斌，2019）。结合3S（GPS、GIS和RS）以及其他先进技术和先进农业技术，根据每次野外作业的具体条件开发耕地。降低生产成本；减少农业造成的空气污染并改善环境质量可以提高农业生产率；可持续农业与环境和谐相处；农业部门不强调高产，而注重收益。它把农业带入了数字和信息时代，是21世纪农业发展的重要途径（魏宏，2001）。

从世界近代农业发展史可见，20世纪中期以前，发达国家要由不发达国家进口粮食和农产品；然而到了20世纪后期，情况出现了逆转，发达国家却大量出口粮食和农产品到不发达国家。其实发达国家的耕地面积并无明显增加，主要依靠科学技术，包括逐步发展起来的精准农业等技术投入，不断提高了农业劳动生产率和农资利用率（马桂莲，江洪涛，张琴，2002），在大力挖掘潜力、降低成本的同时，减少了化肥、农药、石油对环境的污染，达到经济效益、社会效益、生态效益的同步增长、持续发展（吴进，2008；江洪涛，2001）。

精准农业的技术原理是，根据土壤肥力和作物生长状况的空间差异，调节对作物的投入，在对耕地和作物长势进行定量的实时诊断并充分了解大田生产力的空间变异的基础上，以平衡地力、提高产量为目标，实施定位、定量的精准田间管理（周耀军，梁鸿涛，李德乾，2020），实现高效利用各类农业资源和改善环境这一可持续发展目标。实施精准农业不但可以最大限度地提高农业生产力，而且能够实现优质、高产、低耗和环保的农业可持续发展的目标（聂兵，2009）。

精准农业由多个系统组成：全球定位系统，用于信息获取和实施的准确定位，它的定位精度高，根据不同的目的可自由选择不同精度的 GPS 系统（杨君，赵红克，2018）。农田遥感监测系统，是精准农业田间信息获得的关键技术，为精准农业提供农田小区内作物生长环境、生长状况和空间异变信息的技术要求。农田地理信息系统，它是构成农作物精准管理空间信息数据库的有力工具，田间信息通过 GIS 系统予以表达和处理，是精准农业实施的重要手段（秦斌，2007）。精准农业还包括农业专家系统、智能化农机具系统、环境监测系统、系统集成、网络化管理系统和培训系统。其核心是建立一个完善的农田地理信息系统，可以说是信息技术与农业生产全面结合的一种新型农业（魏宏，2001）。

（4）智慧农业资源。随着物联网大数据的不断发展，农业也越来越向智能化演进。智慧农业已经成为未来农业发展的大趋势。人类社会经历了农业革命、工业革命，正在经历智能革命。具体到农业领域，农业自身发展经历了以矮秆品种为代表的第一次绿色革命，以动植物转基因为核心的二次绿色革命，随着现代信息技术在农业领域的广泛应用，农业的第三次革命——农业智能革命已经到来。农业智能革命的核心要素是信息、装备和智能，其表现形态就是智慧农业。

智慧农业是以信息和知识为核心要素，通过将互联网、物联网、大数据、云计算、人工智能等现代信息技术与农业深度融合，实现农业信息感知、定量决策、智能控制、精准投入、个性化服务的全新的农业生产方式，是农业信息化发展从数字化到网络化再到智能化的高级阶段。现代农业有三大科技要素：品种是核心，设施装备是支撑，信息技术是质量水平提升的手段。智慧农业完美融合了以上三大科技要素，对农业发展具有里程碑意义（赵春江，2009）。

智慧农业的决策模型和系统可以在农业物联网和农业大数据领域得到广泛应用。无人拖拉机 24 小时耕作，在家操控设备就能搞定；机器人种地整齐有序，每棵作物从种子到成熟都被电脑用大数据记录并管理；现代化收牧草机所到之处，散乱的牧草被收集打包成形；智能打蛋机每小时可打 2 万只鸡蛋，并实现蛋液分离。

2. 科研推广教育资源

数字化与电子信息技术的发展将加快提高我国农业科研工作的水平，逐步缩小与国际的差距。在我国各农业科研单位，各种农业科研仪器都将更多地利用电子信息技术以提高自动化水平，农业科研的各种测定将会更准确，效率更高。农业科研的数据处理、统计分析以及报告写作，全都将充分利用数据信息计算机。农业生物技术研究将与信息技术密切结合起来，农业生物信息学与基因组学将得到大发展，从而大大加快我国农业生物技术的研究进程。同时，农业教育也需要数字化。多媒体技术将广泛地应用于农业大学的教室之中，通过因特网，各农业大学之间完全可以交换课程与教授，与国外大学进行交流。制约我国农业发展的突出问题是我国农民的文化科学素质较低，通过数字信息与广大农村建立联系，农民将能接受最先进的农业教育，加快提高我国广大农民的文化科学素质（高亮之，2001）。数字农业技术推广部门通过互联网、智能手机和5G移动网络，向广大农民传播各种先进技术，对农民进行各种农业新技术的培训。强化农业企业的科研主体地位，加强高校、科研部门、农业企业之间的协作联系，深化基层农技推广体系改革，促进农业科研成果的可靠性、实用性，加快农业生产问题的解决。促进农业企业将科研成果快速转化为生产力并进入数字农业建设系统，以服务现代农业发展为宗旨，建立资源共享、优势互补的数字农业知识体系（肖冰，陈丽娟，2018）。

3. 经营服务管理资源

当前，以互联网技术为基础的商业模式在农业电商发展中应用，改变了农村信息流通不畅的局面（朱红根，宋成校，2020）。农业电子商务就是互联网信息技术的典型运用，能为农产品营销提供更加便利的服务，促进市场与农户的有效连接，减少中间流通环节，实现农村传统要素与互联网资源的有效结合，推动农业产品供应变革。

在当前疫情防控的关键时刻，基于“数字农业云平台”，积极开展大数据的挖掘和利用，加强疫情期生鲜农产品供需指数信息分析和预测研判，提供更多全面系统、科学精准的数据支撑和分析服务，有力支撑当地居民对生鲜农产品需求情况的掌握，避免疫情引起不必要的恐慌。同时，有力支撑产地政府对疫情期当地生鲜农产品供应情况的精准掌握和精准施策，有效应对疫情影响，助力打赢疫情防控阻击战。

获取全国主要城市生鲜农产品指数，为消费市场提供需求数据支撑。充分发挥“数字农业云平台”大数据分析功能，以历史数据为基础，通过大数据分析建模和在线调查，得出全国主要城市居民在疫情期间对生鲜农产品需求指数，及时提供给消费地相关部门，为他们掌握当地居民对生鲜农产品需求情况提供数据支撑。

获取全国生鲜农产品产地供应指数，为产地政府提供供应数据支撑。组织相关技术和客服人员，对农产品生产加工企业进行在线调研，了解产地农产品供给情况，并通过大数据分析技术获得相对精准的生鲜农产品产地供应指数，为产地政府掌握当地生鲜农产品供应情况提供数据支撑。

数字赋能，搭建生鲜农产品供需信息对接桥梁。发挥“数字农业云平台”大数据分析功能，及时发布国内主要生鲜农产品（包括有机食品）的供求信息指数，协助产地政府和主要消费城市政府进行生鲜农产品供需信息对称，为产销两地搭建生鲜农产品供需信息对接的数字桥梁，让信息更加透明，避免疫情引发农产品价格哄抬或产品滞销，发挥巨大的数字赋能作用。同时，通过此次有效信息对接形成供需关系，为疫情过后消费扶贫奠定良好的基础。在此基础上加大研发投入，为创建和运营全国型的消费扶贫大数据公共服务平台打好基础。

4. 农业资源管理

随着我国数字经济市场的建立，数字农业各生产要素的信息，如农业自然资源信息、法律法规信息、市场信息、数字农业技术信息等，无论是对决策者还是对广大农户都是极为重要的。及时、准确、可靠、全面的数据资源信息是经营管理的根本依据。国家农业信息网络已初具规模，农业农村资源数据库扶贫致富工程已经在实施。1994 年开始，在中国农业信息网的基础上，逐步开发了农产品产销信息系统网络，这些网络的建成改变了我国农业信息服务体系的环境，提高了各级政府部门对农业发展的宏观决策指导水平，快速准确向农村、农户提供全方位的信息服务。同时极大地提高决策的科学性，有效地联结小农户和大市场，促进农村市场繁荣和经济增长（赵文明，2006）。

在数字信息爆炸的时代，国家在促进数据信息的使用的同时，注重整合信息资源。建立农业信息交流平台，促进农业知识的分享与交流；保护国家数字农业科研成果，设立研发机构资源系统。设立研发知识技术专利保护，及时保护国内农业生产资源。积极引进国外先进的农业生产技术，与国际农业科研界保持紧密联系，促进先进知识技术的学习交流，为国内数字农业注入新的活力。

5. 数字农业投资金融资源

一直以来，农村农业金融服务工作受到党中央、国务院高度重视。但是融资不足，农业农村信息化仍以财政经费为主，且经费保障不足。农民贷款主要来自银行或农村信用社，且需求量大。在现实中，许多农民或者农民专业合作社在扩大生产借贷融资时，金融机构向农村地区提供金融支持的积极性并不高，大多时候资金需求并不能得到解决，以致农民在种植、销售、推广等方面受到很大限制。

近两年，国家下发的包括中央1号文件在内的多项文件提出要“鼓励金融机构积极创新为农产品国际贸易和农业‘走出去’服务的金融品种和方式”“加快农村金融制度创新”（林笑，2015），强化商业金融对“三农”和“县域小微企业的服务能力”等内容，成为农业普惠金融大力推行的契机。在政策引导下，创新农业供应链金融模式，通过农业供应链中内部各主体之间所产生的信息流、物流、资金流等多方面的优势和信用，利用互联网金融为农业注资加码，相信可以带动农民走上致富道路。

农业融资分散、小额、短期的特点在短期内是主流，这是互联网金融的优势所在（林笑，2015）。在此基础上，“移动互联网金融＋农业供应链”可能会是行业下一个“风口”。移动融资，移动审批，可以快速便捷地为农业企业和农民融资。

立足农业全产业链战略，从服务“三农”的难点——农村金融服务寻找突破口，建立面向农民的普惠金融体系，帮助农民扩大再生产，提高农业种植规模效益。随着“互联网＋”大潮的涌动，“互联网＋农业”实际上已经深入到生产、加工和销售等农业产业链的各个环节，移动互联网金融＋农业供应链逐渐成为解决农业生产资金问题的有效途径。借助互联网和数据的优势，将农业金融与农业供应链配套使用，采用订单融资等供应链金融融资模式，为种植大户和养殖大户购买农资提供专项贷款服务，破解农民贷款难题，打造“农业供应链金融”闭环（汪蕙，2013；环球网，2016）。

6. 数字农业人力资源

近年，随着我国数字化农业的发展，我国数字农业的人才资源是一个很大的缺口（张明安，2011）。与传统农业生产相比，数字农业需要线下线上结构化操作，从劳动密集型到劳动技术型的转变需要人才的培养。为了适应新的生产方式，作为生产的主体，必须主动提升自身的劳动素质。高端数字农业的规模化生产，不仅仅依靠一个技术员的资历有多深就可以完成量产，而是如何把先进的种植技术高效地植入大规模的生产体系中。依靠科技、数据分析、物联网架构等一系列技术，农业生产不再依靠感觉，结合各种大数据的分析进行技术生产管理。数字农业化一切都归于人，农业务必吸收先进的人才，否则一切都是“虚幻”的设想。所以，伴随着数字农业技术的运用，农业需要掌握物联网技术的管理人才。

推动数字农业化发展，且我国目前实施加快建设乡村振兴、数字乡村战略，人才是刚需。培养大批量的新型农业人才是数字农业实现的基础和保障。

新型农业人才培育具有全面性、特殊性和较强的实践性。全面性体现在数字农业人才应顺应中国农业经济发展需要和全球农业发展态势，与时俱进，对国际农业领域具有高度敏感性。特殊性体现在数字农业人才合理精准定位培养，秉承中国农业历史背景和时代特色，精准对接发展需要。实践性是指优化配置国际农业领域发展进程的培育实践资源，补齐短板，激发数字农业层次人才培育的生命力与活力。

数字农业人才资源培养，首先，设置高校人才培养规划，在高校培养数字农业科研人才，培养数字农业技术创新人才，培养为数字农业互联网经营管理人才，为数字农业输送充足人才。其次，创新数字农业农民培训，增强培训效果，促进农业与服务行业的融合，重点培养符合数字农业发展要求的新农人，使传统农民先向懂得机械化操作的职业农民转变，再向具有互联网思维的新农人转变。再次，加强对外交流合作，鼓励国内农业科研机构和国际农业科研机构建立联合实验室，鼓励国内农业科研人员参与国际农业科研工作，引进国外高素质农业科研人才以及科研成果（肖冰，陈丽娟，2018）。

数字农业经营主体，包括专业大户、家庭农场、农民专业合作社、农业企业以及新农人等（周多，2017）。数字农业经营主体的负责人和骨干，特点鲜明，包括：学习能力强，技术高超；将农业作为一种有利可图的职业；他们对于掌握互联网技术，有着非常强烈的动机。

高素质农民。在数字农业化背景下，农村经济管理工作的重要性不言而喻。要想提高管理质量，需要注重对高素质农民的培养。主要是在当下，要求农民不仅具备一定的科学文化素养，而且还应该掌握并能够熟练应用先进的农业生产技术，促进农业高效开展。同时，在农村经济发展过程中，农民的经营管理能力也是必不可少的，在具备该能力的基础上，可促使其快速适应数字农业化的发展，将人才优势最大化，为农业的发展提供有利条件，从而改善农村面貌，提高农民生活品质。

新型农业产品供应链主体。以前，农村的农产品都是卖给商贩，价格很低。现在，他们利用社交媒体直接跟城市里消费者联系，采用众筹方式销售农产品，价格要高得多，而且消费者也非常满意，因为通过这种模式采购的农产品很新鲜，价格并不比市场上贵（省去了中间费用）。他们一头连接市场，一头连接农户。只有通过他们，农村电商带来的低成本、覆盖面广、沟通方便快捷的优势，才能真正成为提高农业生产效率、促进农产品销售的利器（周多，2017）。新型供应链主体是农业生产的主力军，他们还能够有效地促进标准化生产，确保农产品质量安全，推进农业品牌化。

2020 年 12 月 12 日，世界数字农业大会、第十九届广东种业博览会在广州开幕。大会发布了一批数字农业先锋企业、先锋人物名单，并进行颁奖仪式。作为数字农业的先行先试区，广东省近来在培养“人”上全面发力，一批批数字农业人才脱颖而出，如今已形成一支战斗力极强的数字农业人才队伍，培养了一批懂数字农业的干部。作为连接城乡的基本单元，县域是推动城乡区域协调发展的关键，也是开展数字农业的主战场。县域干部的观念能否跟上数字化潮流，在一定程度上关乎各县数字农业发展的成败。2020 年新冠肺炎疫情期间的助农行动中，广东各地县长就利用数字力量参与直播带货。之后举行的广东省数字农业县长研修班，更是为各市县接下来推动数字农业工作指明了方向。接下来，广东省需要培养更多目光长远又接地气的干部，以带动全省数字农业走向更高水平。

培育一批数字农业先锋人物。数字农业属于新事物，任何新事物的发展都要有先锋探路。近年，广东省加快推进新一代信息技术与农业农村全面深度融合应用，一批批先锋人物涌现出来。无论是阿里巴巴的冷海晶、一亩田的邓锦宏、国联水产的李春艳，还是千鲜汇的尹祥，他们都背靠企业推动数字农业在市场上应用。这些市场化力量，正是推动数字农业持续创新发展的生力军，政府部门需要培育良好的营商环境，吸引更多先锋人物投入这股数字浪潮中来。

培训一批热爱数字农业的农民。传统农业生产体系中，农民的作用仅限于种植、养殖层面。在数字农业中，农民群众不仅可以利用互联网学习种植、养殖技能提高产量，还能通过对大数据等工具的运用在销售过程中发挥作用。新冠肺炎疫情暴发以来，阿里巴巴等企业在全国很多省份启动千名村播培训计划，帮助农民用“新农具”做“新农活”。他们的参与让数字农业有了更为广泛的群众基础，使其在农村呈现蓬勃发展之势。数字人才队伍将为数字中国铺路架桥，为中华民族伟大复兴战略全局贡献强大的“三农”力量（新华网，2020）。

4.2 消费者对农业数字资源的决策

4.2.1 消费者决策概念

目前我国针对消费者农业数字资源决策的研究比较少，学习这块内容之前我们需要深入理解消费者决策。农业数字资源具有复杂性，它的决策主体具有多样性。在生产端消费者决策是指从事数字农业生产的企业或者个体在生产过程中对数字技术、数据资源、智能设备的选择；在农业数字资源市场，其服务主体也需要对市场需求及供应、消费数据分布等进行决策；在消费端的消费者决策，是指消费者在购买活动中首先非常认真地评价对某一产品、品牌或者服务的属性，然后选择能满足某一特定需求的产品并进行购买的过程。

4.2.2 农业数字资源市场决策

围绕消费者的需求，以农产品销售者、政府等为决策主体，通过数字农业制造和装备技术、人工智能农业关键技术的研究，挖掘农产品销售与需求大数据；利用结构方程（SEM）、解释结构模型（ISM）等结构模型化技术，KNN-BPNN算法、数据挖掘算法、智能算法、神经网络分析法、模拟仿真等人工智能技术构建模型，运用海量数据进行智能化分析，利用国家农业大数据中心的相应农产品数据，通过结构模型化、人工智能技术构建模型并进行智能化分析和处理，探究农业市场行情、价格走势、质量溯源、消费者偏好、市场容量、销售品种、销售空间布局等，通过精准的市场分析与预测，推动供需精准匹配，带动上游种养优化，实现以需订产、以销带产，全面提升生产效率（图4-1）。

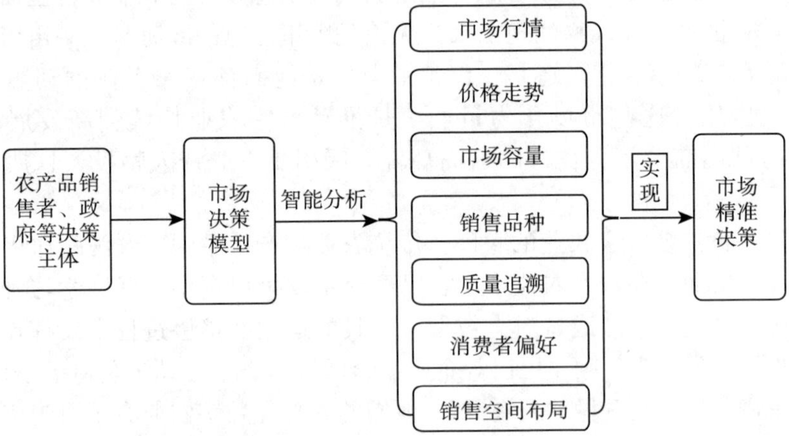

图4-1 农业数字资源市场决策模型

以数据为基础，以码为纽带，以绿色食品区域公共品牌塑造特色农产品销售为抓手，建立线上线下一体化运营体系，通过精准供需匹配，交易撮合、品牌营销、行业标准认证、数字化生产建立，提升农产效率，促进产业协同发展。同时，以资源统筹服务及行业监管服务为辅助，提升产品质量，改善商业运营环境，促进产业转型升级。

4.2.3 农业数字资源服务端决策

以政府、金融机构、科研单位、物流企业、互联网运营商、农产品服务企业、农产品经纪人等为决策主体，通过数字农业制造和装备技术、人工智能农业关键技术的研究，有机结合农业智能机器人、智能交通运输、地理信息、GPS定位等技术手段，挖掘农产品运输、资金需求、技术需求、配套设施需求、消费者偏好和需求等方面的大数据，减少信息不对称、需求不对接的失误，提高农业生产全产业链的生产效率。建构机器模拟、数学、复杂信息处理、控制系统等模型，创新农产品供应链和物流体系，增强农产品服务精准度，提升客户满意度。

4.2.4　影响消费者决策因素

1. 消费者因素

消费数字化农产品会受到消费者个人因素包括年龄、教育程度、职业、收入水平以及过往经验等因素的直接影响。

2. 卖家因素

与消费购物相对应的是卖家因素，一个合格的卖家会对他的产品有着深入的了解，做出最有效的决策，选择最有效的切入口进入市场，快速占领市场，得到买家的信任。同时，消费者对卖家也会有着不同考量，作为对自身购买的参考因素。

3. 物流因素

农产品电子商务发展离不开物流。生活节奏在不断加快，消费者对物流方面的要求也在逐步增加。在物流因素中，消费者收到货的速度、快递公司的服务态度对消费者购买会产生重要影响，配送速度越及时，物流公司服务态度越好，消费者对该商品的满意度越高，也会提高消费者对农产品的购买期望，提高消费者的重复购买率。

4. 平台因素

对于广大的农产品卖家而言，入驻什么样的电子商务平台对于其未来的发展也起到了重要的影响。同时，平台的购物流程烦琐程度、网站的设计、网站知名度、网站的安全性对消费者的购买也会起着重要的作用。现阶段电子商务平台中淘宝网以其出色的网站设计、便捷的购物流程、较高的知名度、平台出色的安全性，赢得了越来越多的消费者的喜爱（张亚杰，杨秀，2016）。

4.2.5　基于影响消费者决策心理推进农产品销售

其实生活中，存在着各种各样的心理学效应，不断地影响着我们的选择，我们的消费决策。

1. 互惠原理

互惠原理，它是指受人恩惠就要回报。最简单的解释就是，人们经常会以相同的方式，回报他人为自己所付出的一切。

2. 社会认同原则

社会认同原则就是指人们会采取他们喜欢、信任或者和他们类似的人的观点和行动，也就是从众效应。商家营造并炒作“热销”假象，往往就会造成真正的热销结果。制造热销的现场感，是常见的方法。

3. 参照效应

人在判断价值、做决断的时候都是相对的，我们天生就喜欢对比，而这个“对比”在很大程度上影响了我们的决策。利用对比，是人类觉醒的又一个最原始本能，它无比强大，根本就是无处不在，欲罢不能。而一个好的参照物，能让消费者很快就了解产品核心特点，评估其价值，这就是对于参照效应的利用。参照的目的就是为了更加突出你要表现的目标项，而且消费者立马就能感觉到，让他立马做出决策。它比大量的形容词、数据、理论等都要更加实用。

4. 锚点效应

数十年前，自然学家康拉德·洛伦茨发现刚出壳的幼鹅会深深依赖它们第一眼看到的生物。洛伦茨在一次实验中发现，他无意中被刚出壳的幼鹅们第一眼看到，它们从此就一直紧跟着他直到长大。由此，洛伦茨证明了幼鹅不仅根据它们出生时的初次发现来作决定，而且决定一经形成，就坚持不变（孙天琦，2014）。洛伦茨把这一自然现象称作“印记”。事实证明，我们的第一印象和决定也会成为印记，比如我们看见一个产品，在第一眼看到它的价格时，会对我们购买这一产品的出价意愿产生长期影响，这就是“锚”。大致意思就是如果你在生活中遇到某个商品，第一眼留下印象的价格（或我们第一次决定用某一个特定的价格购买某一样特定的商品时的价格）将在此后对购买这一产品的出价意愿产生长期影响。比如原价 1 999 元，现价 199 元。这个 1 999 元就是一个锚定价格，它提升了用户对于这个产品的价值感知，这个产品质量不错，值 1 999 元。如果没有这个锚定，只有现价 199 元，那就会让用户觉得这个产品很廉价，还不是打折的惊喜。

5. 基模效应

什么叫基模？基模是人与生俱来的行为模式之一，它是我们的认知中所有知识的一个海量集合。还是举个例子：西柚是柑橘科属的亚热带水果，簇生成串，皮薄且软。果肉分瓣，颜色呈淡黄色或珊瑚红色，多汁或微干，香甜可口或酸味扑鼻。如果你不是很了解西柚，那么现在请你闭上眼睛，根据上面介绍想想西柚是长什么模样的。我估计你很可能完全想象不出来。那我们再换一种介绍试试：西柚是一种小型的柚子，形似葡萄，皮如柑橘薄且软。怎么样？这个时候你脑袋里是不是已经出现一个西柚的轮廓了？看到了这个介绍，你就知道了西柚是和普通柚子形象差不多的，只不过是个头比较小，像葡萄的形状，而且它的皮是像柑橘一样又薄又软。这里，“小柚子”“葡萄”“柑橘”这些你已知熟悉的概念就是我们说的“基模”。利用用户已经理解和熟知的事物，来解释未知事物。能够让用户短时间理解各种未知事物、未知产品、未知概念或者未知功能，并产生具象的画面，威力强大。只有用户对产品本身建立充分认知和理解后，才能对你的各种优势以及卖点产生兴趣，进而愿意掏钱。

6. 预期效应

我们对事物已有的印象，会蒙蔽自己观察问题的视线。对事物的预期会影响我们对其的态度和体验，最终也会影响我们的决策。这就是预期效应。如果我们事先相信某种东西好，那么它一般就会好，反之亦然。这会极大地影响我们最终的决策和选择。

4.3　农业数字资源的利用

农业数字资源一方面以其他信息资源难以比拟的覆盖面广、内容丰富、传递速度快、不受时空限制、易于检索和交互性好等优点，受到越来越多的认同和青睐；另一方面，农业数字资源有数量不足（或过剩）、无序、易更改、不安全、缺乏规范、质量控制和利用率低等缺点，给数字资源的检索和利用带来极大的困难。农业数字资源的利用，应有一种为“三农”服务的观念，这样才能更好地为“三农”提供信息服务（王静瑜，2013）。下面分别从农业种质资源、基因库资源、国土资源等利用状况来进行阐述。

4.3.1　农业种质数字资源利用现状

作物、畜禽、水产、农业微生物等农业种质资源是新品种选育的基础，是遗传信息由上一代传给下一代的载体，是人类生存不可或缺的重要资源之一。我国农业历史悠久，种质资源极为丰富，这些资源是我国乃至世界最为重要的农业遗产。新中国成立以来，农业种质资源有效开发利用，农业品种不断推陈出新，农业科技持续进步，粮食单产屡创新高（蒋圣华，2020）。农业种质资源的作用主要体现在三个方面：一是保障国家粮食安全的基础作用。截至目前，我国粮食单产较 1949 年净增 4.6 倍，畜禽、水产品产量长期居世界首位，主要得益于品种的持续更新换代，而突破性品种成功培育与推广，无不来源于优异种质资源的挖掘利用。二是农业科技创新的源头作用。纵观国内外农业史，每次绿色革命的突破，都源于种质资源的发掘利用（张桃林，2020）。三是传承中华农耕文明的载体作用。人类社会发展史也是一部农耕文明的传承史。中华民族发现、驯化、培育了大量的农业种质资源，这些有生命的、活态的、可延续的种质资源，在传承中华农耕文明、推动人类社会发展过程中发挥了不可替代的作用。

党的十八大以来，我国农业种质资源保护与利用工作取得积极成效。一是资源总量持续增加。我国长期保存作物资源超过 51 万份、畜禽地方品种 560 多个、水产种质资源近 2 万种、微生物资源 23 万多份，位居世界前列。2015

年，国家启动了第三次全国农作物种质资源普查与收集行动，新收集资源5.2万份。二是保护体系初步构建。逐步建立了长期库、中期库、保种场、保护区、基因库，国家级和省级相衔接的农业种质资源保护体系；国家作物种质库新库建设全面启动。三是开发利用成效明显。通过种质资源鉴定评价、发掘创制，培育推广了一大批突破性新品种，我国农作物自主品种占总量95%以上，畜禽核心种源自给率达70%以上，水产、农业微生物产品均以自主品种、自主资源为主（蒋圣华，2020）。

中国种业正面临前所未有的机遇与挑战。随着第四次工业革命的进行，数字化时代即将来临。数字计算机应用，已经辐射到种植行业。能否完成数字化转化工作，成为未来发展的重要影响因素。现代信息技术和生物技术，是构建现代化作物育种平台的根本方法。大数据是与材料和能源一样，都是重要的新型战略资源。信息化是育种的主流趋势和必然选择。采用信息技术对种质资源进行管理，可以实现种质资源快速查询、高效利用。随后是数据采集。育种亲本性状调查与比较、后代室内选种，以及实验室检测等各个环节，都要大量采集数据。传统数据获取的方法劳动强度大、时间长、操作要求高，易受主观因素影响，限制育种规模化发展。传统的数据采集方式，在短时间内很难准确对试验点数据进行分析和比较。目前，许多国家已开始将现代信息技术、传感技术、自动化技术，应用到育种中（郭瑞，2015），并开发出一系列适用于育种环节的智能检测辅助仪器设备。依托信息化智能化产品设备，可以降低劳动强度、投入成本。最后是提高育种效率，加速育种进程。数字图像处理技术在病害诊断、籽粒发芽监测等方面，应用日益广泛。采用先进的图像扫描技术，可以准确地获得农作物的形貌特征数据。

4.3.2 国家农业农村大数据中心现状

农业农村部根据《国务院关于印发促进大数据发展行动纲要的通知》（国发〔2015〕50号）精神，制定了关于推进农业农村大数据发展的实施意见。意见要求以建设全球农业数据调查分析系统为抓手，推进国家农业数据中心云化升级，建设国家农业数据云平台，在此基础上整合构建国家涉农大数据中心；整合农业农村部数据资源，统一数据管理，实现数据共享。要求农业农村部各类统计报表、各类数据调查样本和调查结果、通过遥感等现代信息技术手段获取的数据、各类政府网站形成的文件资料、政府购买的商业性数据等在国家农业数据中心平台共享共用（农业部市场与经济信息司，2016）。要求巩固和提升现有监测统计渠道，健全基点县和样本名录，完善村县数据采集体系，开展对历史数据的清洗和校准，系统梳理农产品生产、消费、库存、贸易、价格、成本收益“六大核心数据”，建立重要农产品供需平衡表制度。要求构建涵盖涉农产品、资源要素、产品交易、农业技术、政府管理等内容在内的数据指标、样本标准、采集方法、分析模型、发布制度等标准体系。要求按照信息安全与信息化项目建设同步规划、同步建设、同步运维的要求，完善大数据平台管理制度规范，建立集中统一的安全管理体系和运维体系（农业部市场与经济信息司，2016），加强病毒防范、漏洞管理、入侵防范、信息加密、访问控制等安全防护措施（王文生，郭雷风，2016）。

4.3.3　基因数据库数字资源利用现状

水稻基因数据库。2005年，在国家科技基础条件平台建设项目的资助下，中国农业科学院作物科学研究所和中国水稻研究所提出并主持了水稻基因数据库的构建工作，具体由中国水稻研究所科技信息中心负责完成数据库的架构、程序设计和数据的录入。

中国药用植物基因组数据库。云南农业大学建立“中国药用植物基因组数据库”，向全世界提供中国科学家在中国传统中医药理论的最新研究成果。同时，云南农业大学以云南特色中药材为基础，开展系统的基础研究和应用开发，全面开展云南特色中药材基因组研究和开发，快速推进科研成果转化及产业化，着力打造独具特色的云南生物药业。中药现代化和国际化必须依靠科技创新来实现，基因组测序技术的进步为中药现代化提供了强大的科技支撑（云南省科技厅，2013）。

葡萄属植物基因组学。云南农业大学构建了首个葡萄属植物基因组学网站。通过整合多种可视化组件与基因组在线比较工具，该数据库将不同类型的数据有机整合到了一起，为用户提供了友好的数据检索、下载和在线分析服务。

4.3.4　国土资源数据库建设现状

“国土资源标准数据库系统”是由中国国土资源经济研究院国土资源标准化研究中心担任第一完成单位（梁凯，2008），是为了管理好国土资源领域已发布的现有标准，为用户方便查询国土资源标准而建立。系统构建于网络平台之上，数据集中于服务器上管理，用户从各终端调用服务器上的数据；系统功能以传统关系型数据库的功能为主，即主要有查询、检索、统计、修改、删除等，辅以对数据安全管理的权限设置与操作日志。投入使用后的数据系统，将使局域网或因特网用户从网上方便查询、检索国土资源标准。查询可以是单条件的，也可以是复合条件的。在统计中，还可以加入时间条件进行统计（李新跃，王志双，王秀芳，2002）。对于系统的管理者而言，能方便地进行系统的维护工作，即进行标准录入，修改、删除等操作，方便数据库的更新与管理。

第五章 农业数字资源的供给与需求

数字农业将遥感、地理信息系统、全球定位系统、计算机技术、通信和网络技术、自动化技术等高新技术与地理学、农学、生态学、植物生理学、土壤学等基础学科有机地结合起来，实现在农业生产过程中对农作物、土壤从宏观到微观的实时监测（王钟，胡月明，杨永忠，2001），以实现对农作物生长、发育状况，病虫害、水肥状况以及相应的环境进行定期信息获取，生成动态空间信息系统，对农业生产中的现象、过程进行模拟，以达到合理利用农业资源，降低生产成本，改善生态环境，提高农作物产品和质量的目的（杨立平，2012）。

数字农业就是在农业领域中一种集信息化、集约化以及新型化于一身的农业技术，其主要运用基础是以当下信息技术的良好发展以及地理空间为支撑。它主要包含以下 4 个部分：农业物联网（internet of things）、农业数字资源（big data）、精准农业（precision farming）和智慧农业（smart agriculture）。农业数字资源指以大数据分析为基础，运用大数据理念、技术与方法处理农业生产、销售全产业链中产生的大量数据，获取有用信息，以此指导农业生产经营、农产品流通消费。农业数字资源建设涉及“三农”数据的方方面面，既包括管理和生产，也包括流通；既包括农产品，也包括与农业、农村相关的行业大数据（刘石，2019）。

数字资源商品的供给与需求是数字资源市场运行的动力，是合理配置数字资源、有效组织数字资源商品的生产和销售的前提，因而是数字资源经济学研究的重要内容之一。

5.1 农业数字资源供给

5.1.1 我国农业数字资源的供给模式

目前，无论是政府，还是学术界、产业界，对于农业数字资源建设究竟采取何种模式尚未下定论。本书通过对国内已有的政府主导、学术界探讨、产业界实践进行分析，提出农业数字资源建设的 3 种典型模式。

1. 以政府主导为引擎，通过资源整合实现农业数字资源建设

这种模式以各级政府为主导，强调资源整合、模式创新在农业数字资源建设中的重要价值。

在国家层面，农业农村部积极推动国家农业云服务平台建设。如选取天津市、上海市和安徽省开展首批“农业物联网区域试验工程”；同时，农业农村部组织专家研究国家农业数字资源中心建设的战略需求和主要内容，包括四大平台：农业数字资源采集网络平台、存储平台、处理平台及综合分析平台，并设想在全国成立八大农业数字资源中心。

在地方层面，2013 年，国内第一个农业数字资源研究与应用推广机构——“农业数字资源产业技术创新战略联盟”在山东农业大学成立，其涵盖了政府、高校、科研单位、IT 企业和农业企业等，跨行业整合效应明显。2015 年，“云南农业数字资源中心”正式运行，该中心由在线农业、生物资源、农业电商和“放心云南”四大板块组成，目前已完成八大数据库的建设。贵阳市全面构建“大数据农业”信息管理平台，推进市、县、乡（镇、社区）、村四级信息发布体系建设，打造农产品大数据交易中心，物联网技术覆盖全市特色农产品。2020 年，建成贵阳市现代农业数字资源中心。

2. 以技术支撑为引擎，通过价值链重塑实现农业数字资源建设

这种模式主要由国内农业相关科研机构和部分技术领先的互联网公司主导，强调技术创新在农业数字资源产业价值链重构中的作用，基于技术创新重塑以农产品为主的产品形态和内涵，以谋求农业数字资源建设可能的市场扩张。

首先，农业相关科研机构加强农业数字资源关键基础技术的研发。近些年，国内机构和学者日益重视农业数字资源基础技术。中国农业科学院依托农业农村部农业数字资源重点实验室及农业信息服务技术重点实验室等科研平台，聚焦农业预警、农业信息采集等关键技术，推出了“中国农产品监测预警系统”（CAMES）、“先进农产品市场信息采集器”（农信采）等科研成果。经过多年技术研发积累，国内也产生了较有影响力的农业数字资源平台产品。目前，全国性的农业数字资源平台运行良好的，如中国农业科学院的全国基层农技推广服务云平台。该平台建设于 2009 年，已覆盖全国 26 省（区、市），服务用户突破 240 万人，积累了大量数据。有学者依托该平台，研究了大数据技术在农业技术推广中的诸多应用。

其次，部分技术领先的大数据公司纷纷推出与农业数字资源相关的平台产品。例如，北京九次方大数据公司认为，农业数字资源建设应加强顶层设计，需制定农业数字资源目录及共享、开放标准，同时该公司也完成了农业数字资源生态体系模型产品的建立，该模型产品有 30 种典型应用场景；湖北楚天云有限公司提出农业数字资源管理平台与服务平台两种产品推动农业数字资源建设。

3. 以“互联网+”为引擎，通过业态创新实现农业数字资源建设

该种模式主要由国内互联网巨头主导，强调了互联网思维在农业数字资源建设中的重要性，重视通过“互联网+”来重塑传统农业生产、流通及销售等流程，以谋求农业数字资源建设中的业态创新。

电商近些年发展迅猛，国内电商公司正瞄准以农产品电商为核心的电商生态圈农业数字资源建设。一方面，互联网巨头纷纷涉足农产品电商领域，并取得很好成效。其中，阿里巴巴集团农村电商发展引人注目，2018年，阿里巴巴集团宣布向五星控股集团有限公司旗下汇通达网络股份有限公司投资45亿元，双方将共同打造农村新零售标杆，赋能更多农村商业组织，共建农村商业新生态。借助淘宝、天猫商业生态系统，阿里巴巴集团农村电商已覆盖全国2 800多个区县；覆盖4万多个乡镇，覆盖率超过99%。阿里巴巴集团拥有海量农业数据，其农业数字资源收集、处理及变现能力值得关注。另一方面，垂直细分类农产品电商平台依靠差异化定位异军突起。2018年，在农产品电商领域，以拼多多为代表的社交电商，以三只松鼠为代表的品牌电商，以多点、每日优鲜及盒马鲜生为代表的生鲜电商纷纷崛起，由农产品形成的农业数字资源极具价值。

目前，关于农业数字资源，互联网巨头解决的更多是农业产业链下游（流通、消费等）问题。此外，农业数字资源的电商生态圈还包括农资电商、网络品牌电商、信息服务电商以及相应的支撑链电商平台，这些组成了电商生态圈中农业数字资源的全景（崔磊，2019）。

5.1.2 我国农业数字资源的供给主体

主要涉及以下五类主体：政府部门、新型农人、品牌企业、科研院所及电商平台。

1. 政府部门

政府部门以农业农村部门为主导，包括气象、环保、国土、植保等涉农的相关职能部门。政府部门加强顶层设计，成立农业数字资源大数据议事机构，制定农业数字资源标准体系，统筹大数据建设。依托相应政府部门已有的农产品基础信息数据库，不断扩充完善，加强数据服务体系建设，对接相应技术平台。

2. 新型农人

建设农业数字资源的首要任务是积极培育两类新型农人，即传统农人+互联网、跨界农人+农业。需要解决新型农人对大数据的认知，结合国内外成功的农产品大数据进行培训，重点扶持具有高素质、能力强的新型农人，使其得到技能培训和大数据相关知识；同时要培养新型农人的电商意识。

3. 品牌企业

建设农业数字资源离不开农产品龙头企业这一经营主体。从政策上扶优扶强，着力培植一批重点农产品龙头品牌企业，建设农业数字资源。一是指导企业通过大数据建设，进行资源整合优化；二是帮助名优品牌企业借助大数据拓宽经营领域，壮大企业规模；三是做大名优农产品企业品牌，助其成为大数据建设的行业标兵。

4. 科研院所

已有农业数字资源建设经验充分证明，建设农业数字资源离不开科研院所的支持。应组建农业数字资源专家委员会，专家包括两大类：一是"三农"领域相关专家，主要由农业科学家、农业经济管理专家及农产品品牌专家构成；二是农业数字资源应用的技术专家，主要包括移动互联网、物联网、云计算等新一代智能技术领域专家，此类专家也是建设得以落地的关键。

5. 电商平台

电商企业虽然处于农业数字资源建设的流通末端，但其重要性不言而喻。要积极利用和对接电商的大数据系统，尤其要学习龙头电商企业的农产品大数据建设路径及经验（崔磊，2019）。

5.1.3　农业数字资源供给的内涵

1. 农业数字资源供给的概念

农业数字资源供给是指农业数字资源生产者在一定时间内、在一定价格条件下愿意并可能出售的某种农业数字资源的数量（陈伟，2002）。

从经济学的角度讲，农业数字资源供给的形成必须同时具备两个条件：①农业数字资源生产者有出售农业数字资源的意愿；②农业数字资源生产者有供应能力。愿意生产和出售但无生产和出售能力，或有生产和出售能力但不愿意生产和出售都不能形成农业数字资源的有效供给。只有具有生产和出售能力支撑的生产和出售意愿才会真实形成农业数字资源的供给。

2. 农业数字资源的供给原理

（1）农业数字资源供给函数。如果把影响农业数字资源供给的因素作为自变量，把农业数字资源供给量作为因变量，则可以用函数关系来表示影响因素与供给量之间的关系，这种函数称为农业数字资源供给函数。若用 S 表示供给，用 a_1，a_2，a_3，…，a_n 表示影响供给量的因素，则供给函数为

$$S = f(a_1, a_2, a_3, \cdots, a_n)$$

如果其他影响因素不变，只考虑价格影响因素，用 P 代表价格，则供给函数简化为

$$S = f(P)$$

（2）农业数字资源供给表和供给曲线。农业数字资源供给表反映的是在不同价格水平下农业数字资源生产经营者愿意提供的农业数字资源的数量，如表 5－1 所示。

表 5－1　农业数字资源供给表

价格—供给量组合	*A*	*B*	*C*	*D*	*E*	*F*
价格（元）	100	200	300	400	500	600
供给量（比特）	50	90	150	240	410	700

根据表 5－1 中数据绘制出图 5－1，从而更形象地显示农业数字资源供给量与价格的关系，在图 5－1 中，横轴代表农业数字资源供给量，纵轴代表农业数字资源的价格，图中的曲线称为供给曲线。供给曲线是一条从左下方向右上方倾斜的曲线，这表明农业数字资源价格与其供给量之间是同方向变动关系。

（3）农业数字资源供给定理。农业数字资源供给定理又称农业数字资源供给规律，其基本内容是：在其他条件不变的情况下，某种农业数字资源的供给量与其价格呈同方向变化，即在一般情况下（刘英，金龙新，祝琪雅，等，2017），农业数字资源供给量随其价格的上升而增加，随其价格的下降而减少。农业数字资源供给规律反映了农业数字资源供给与价格的关系，如图 5－1 所示。

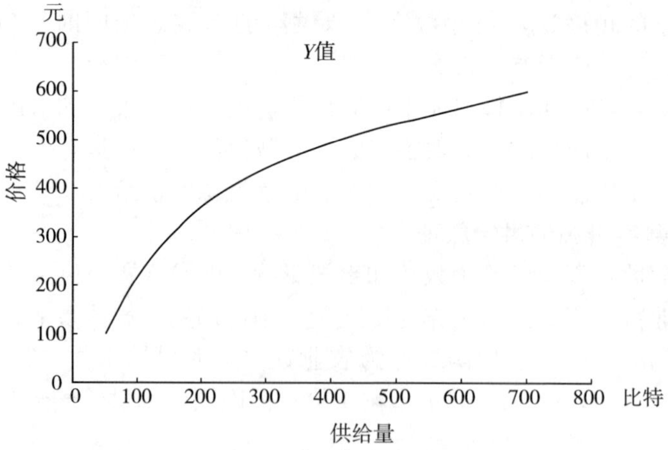

图 5－1　农业数字资源供给曲线

农业数字资源市场价格与供给数量之间之所以呈同方向变化，主要是由以下原因引起的。

①农业数字资源价格上升，将带来新的产品生产者，即在原来的价格水平下能够生产但因不能盈利而未生产的生产者变成了实际的生产者，生产者人数增多，从而使生产和出售的数量增加。比如，当农业数字资源的价格很低时，只有一些较高水平的生产者才能保持必要的盈利水平，才会生产和出售信息；而在农业数字资源的价格上升后，许多在原来价格水平上不盈利的生产者，由于价格上升而变得盈利，从而加入生产和出售的行列，这些生产者被称为新的生产者。相反，如果产品的价格下降，则会使生产和出售农业数字资源的盈利减少，从而使从事生产的人数减少，生产和出售量因此而降低。

②农业数字资源价格上升，可使原来的生产者增加生产量。比如，产品价格上升后，产品的盈利空间增大，这会刺激既有的生产者增加生产的数量；相反，如果产品的价格下降，产品的盈利空间缩小，为了保持收益，一些生产者可能只提供和出售较少的产品，则会使原来的生产者减少产量。因此，价格和供给数量的同向变化，决定了农业数字资源供给曲线向右上方延伸。

农业数字资源市场价格与农业数字资源供给数量之间的这种同方向变化的规律，为农业数字资源市场开发提供了一个基本的理论指导，即提高农业数字资源价格，有利于增加农业数字资源供给量，扩大农业数字资源供给能力。因此，保持一个适当的农业数字资源价格水平，对于调动农业数字资源提供者的积极性，增加农业数字资源供给，满足社会对农业数字资源的需求是非常重要的（谢琼，王雅鹏，2008）。

3. 影响农业数字资源供给的因素

（1）农业物联网。农业物联网从本质上讲，是一套数控系统。在一个特定的封闭系统内，以探头、传感器、摄像头等设备为基础的物物相联。它根据已经确定的参数和模型，进行自动化调控和操作。由于需要以硬件设备的投资和联网为基础，因此投资额较大，主要用于设施农业生产过程的管理和操作，也用于农产品的加工、仓储和物流管理。

农业数字资源中物联网技术，能实时获取大量农业数据，是农业数字资源数据的主要来源，为数字农业化奠定了基础。农业物联网被列为欧洲物联网18个重要发展方向之一，也是中国物联网9个领域的重点示范项目之一。物联网技术可以用来解决农业领域的独特问题，各种基于物联网的应用，如精准农业、智能灌溉和智能温室将推动农业过程的改进。

（2）农业大数据。农业大数据是与农业物联网相对应的概念，它是一个数据系统，在开放系统中收集、鉴别、标识数据，并建立数据库，通过参数、模型和算法来组合和优化多维和海量数据，为生产操作和经营决策提供依据，并实现部分自动化控制和操作。因为它是在完全开放的系统中运作，因此主要用于大田农业的生产和农业全产业链的操作和经营。

(3) 精准农业。精准农业是建立在农机硬件基础上的执行和操作系统。它主要是以农机的单机硬件为基础，配以探测设备和智能化的控制软件，以实现精准操作，变量控制（包括变量播种、变量施肥、变量喷药等），无人驾驶，以及最佳的工作环境和场景适配。精准农业强调的是（单体）设备和设施操作的精准和智能化控制，是硬件＋软件。

(4) 智慧农业。智慧农业是建立在经验模型基础之上的专家决策系统，其核心是软件系统。智慧农业强调的是智能化的决策系统，配之以多种多样的硬件设施和设备，是系统＋硬件。智慧农业的决策模型和系统可以在农业物联网和农业数字资源领域得到广泛应用。

4. 农业数字资源的供给弹性

(1) 农业数字资源供给弹性的概念。农业数字资源供给弹性是指某种农业数字资源的供给量对其价格变动反应的灵敏度，即指农业数字资源供给量变动率对其价格变动率的比率。其大小用供给弹性系数来表示，公式为

$$E_s = (\Delta Q/Q)/(Q/P) = (\Delta Q/\Delta P) \times P/Q$$

式中，E_s 为供给弹性系数，Q 为供给量，ΔQ 为供给变化量，P 为价格，ΔP 为价格变化量。

(2) 农业数字资源供给弹性的种类。农业数字资源供给弹性因农业数字资源品种的不同而有很大的差异。大体上来说，农业数字资源的供给弹性可以分为五大类，并可用相应的供给曲线来表示（图 5-2）。

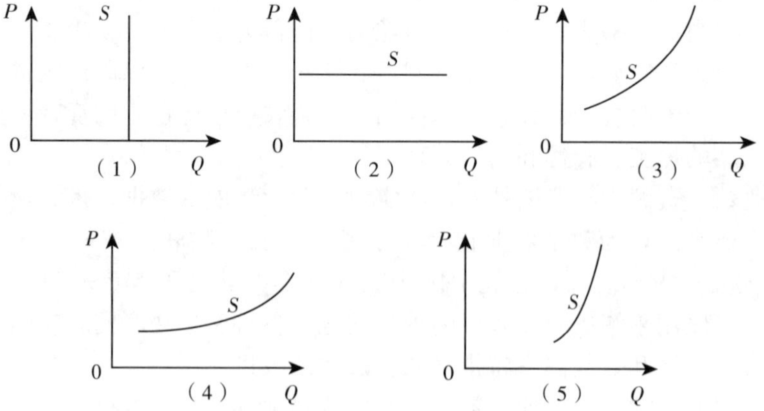

图 5-2　农业数字资源供给

①$E_s=0$时，称为供给完全无弹性。表明价格的变化对供给量的变化无影响（刘闻，2019）。

②$E_s\to+\infty$时，称为供给完全有弹性，即当价格既定时，供给量为无限（陆松福，2007）。

③$E_s=1$时，称为同一供给弹性，表明供给量变动的幅度等于价格变动的幅度（刘闻，2019）。

④$E_s>1$时，称为供给富有弹性，表明供给量的变化幅度大于价格变动的幅度（刘闻，2019）。

⑤$0<E_s<1$时，称为供给缺乏弹性，表明供给量变化的幅度小于价格变动的幅度（谢琼，王雅鹏，2008）。

5.1.4　农业数字资源商品的供给特点

农业数字资源商品的供给主要有以下几个特点。

（1）生产农业数字资源商品的劳动主要是知识密集型的复杂劳动，专业性强。这主要表现在生产过程中，对所投入的劳动力有特殊的要求，即对劳动力在智力方面的要求：一是他们必须具备某领域的专业知识；二是他们不仅要有解决问题的能力，更应该具有发现问题的能力。另外，农业数字资源商品的生产也需要实验室、设备及材料等客观要素的投入。

因此，农业数字资源商品生产的高智力要求决定了要增加数字资源商品的供给量，全社会受教育水平和国民素质的提高以及知识分子数量的增加是十分关键的因素。

（2）农业数字资源商品生产的风险性。由于数字产品收益的不确定性，其投入与产出之间的关系不具有确定的生产函数。这使得数字资源商品的生产具有很大的风险性，尤其是一次数字资源商品的生产具有更大的不确定性，投入产出关系只能是一种随机概率关系，很难保证投入多少资源就一定能产出多少有用的数字资源商品（高鹏，2006）。这在高新技术产业中是常有的事情。当然，从数字资源商品的生产总体来看，仍然符合投入越多、产出越多的规律，只是具体到某种数字资源商品中，就存在着不确定性，是一项风险性高的生产活动。

（3）农业数字资源商品生产的控制性。由于农业数字资源商品的生产主要是智力劳动的成果，工作的个性化、自治性和自主性强，不易直接观察和监督，且其投入与产出具有相当大的不确定性，难以量化劳动者的工作努力程度（李振军，2005），决定了对农业数字资源商品生产的监督与控制比物质商品要复杂得多。例如软件开发，其开发过程是复杂的思维过程，很大限度上依赖于开发人员的智力投入，而产品无形，难以调量和控制。开发人员的创造性与产品规范化的要求，是一对需要不断协调的矛盾。鉴于此，农业数字资源商品生产的执行和监督应当充分尊重个人的差别，不能把人员作为可替换的机器零部件那样对待。当然，这并不意味着放任自流，应对生产的速度和质量进行控制（于华兵，2009）。

（4）劳动力与生产资料的一体化。从某种意义上说，在物质商品的生产中，劳动力与生产资料是处于分离状态的；但在数字资源商品的生产中，这种情形有了根本性的变化。对从事高智力劳动的人来说，正如前面在数字资源商品的价值中分析的，直接的转移价值是很小的。对高智力劳动者而言，最重要的生产资料是个人的知识和经验及价值观念，而这些与劳动者本身是无法分离的。因此，在数字资源商品的生产中，劳动力与生产资料真正结合为一体。这一点将会引起社会结构的变化，并从根本上改变经济组织结构和观念（骆正山，张宏山，王小完，2013）。

5.2 农业数字资源需求

5.2.1 我国建设农业数字资源的需求

1. 农业数字资源建设的动力需求

农业数字资源建设有其自身的需求与动力系统，当然，创新是农业数字资源的建设主线，也是实施大数据策略的源动力。除此之外，由技术、市场、资本、政治等要素需求构成的多元联动系统成为我国农业数字资源建设强大的动力支撑。其中，技术与市场属于内生动力，资本和政治则属于外生动力。

2. 农业数字资源建设的技术需求

信息生产和传播技术的突破与创新会直接促使农业形态及其发展生态发生质的改变。例如，早在20世纪50年代，美国借助信息技术手段，实现农场电子化管理，并得到高效生产回报，被农民普遍接受。这也是全球范围内成功运用农业数据指导生产实践的最早范例。但当时数据主要来源是生产端，并没有与流通端、消费端数据打通应用，仍属于“小数据”范畴。

进入21世纪以来，以云计算技术、移动互联网技术、物联网技术以及数字传播技术为代表的新一代信息生产与传播技术发展迅猛，这一方面催生了诸多新型农业形态，如订单农业、可视农业、溯源农业等；另一方面借助技术有力地推动了农业领域大数据的建设。例如，云计算、物联网及交互式数据可视化技术的发展与进步使得多品种、多地域、多类型的流通端、消费端农产品市场数据的统计与分析成为可能。目前，美国采取资源卫星方式对土地信息进行实时监控，实现农业信息的实时监控，同时收集流通端、消费端数据，及时对农业数据进行分析，达到农业生产、流通的统筹布局。日本通过实时传感系统对农业生产环境进行监测，获取农产品流通、消费数据。法国及澳大利亚则将物联网技术应用在精细良田中，同时获取流通、消费数据，实现粮食生产过程的数据化管理。

3. 农业数字资源建设的市场需求

农业数字资源建设的市场推动力主要源于农业市场供给侧与需求侧两方面。

第一，供给侧。长期以来，农业市场供给侧问题突出，尤其体现在“三去、一降、一补”，即“去库存、去产能、去杠杆、降成本和补短板”，这些问题也是农业供给侧改革的重点。从国内相关实践来看，农业数字资源建设能有效解决上述供给侧方面的问题。例如，农业数字资源共享平台可缓解农产品滞销问题，可使农产品从传统的“以产定销”向“以销定产”的新模式转换，也可以建立与“淘宝村”类似的滞销农产品电商平台。

第二，需求侧。农业市场消费者需求日趋多元化、个性化、互动化。在我国社会转型加剧发展的背景下，以农产品为主的农业消费越来越呈现出主动消费的特点，对农产品的消费购买取决于消费主体的认可与选择，其消费心理乃至消费行为和模式愈趋多元化、个性化、互动化特点。这就给传统的农产品推广模式提出了严峻挑战，单一化、粗放式农产品市场管理方式已不能满足用户的消费需求，而加快农业数字资源建设则是解决农业市场供给侧与需求侧多重矛盾的有效途径。

4. 农业数字资源建设的资本需求

资本是农业数字资源建设的“油箱”与“加速剂”。资本的助推在农业数字资源领域表现抢眼，纵观与农业数字资源密切相关的企业实践，资本的撬动超乎想象。一方面，以阿里巴巴集团为代表的互联网巨头凭借资本，使得近十年农村电商发展迅猛。2017 年底，阿里巴巴集团宣布未来 5 年投入 100 亿元助力乡村振兴，资本势必扩大阿里巴巴集团在农业数字资源的纵深布局；另一方面，与阿里巴巴集团不同，传统农企也纷纷借助资本，瞄准或完善农业数字资源建设，完成公司扩张。例如，大北农集团仅 2015 年一年就募集资金22 亿元。其中，10 亿元用于互联网转型，开展猪联网农业数字资源相关项目。借助资本，大北农集团也从饲料企业向互联网金融企业转型。

值得注意的是，在政府的鼓励与引导下，越来越多的资本开始“进军”农业数字资源领域，这在一定程度上满足了农业数字资源建设的资金需求（崔磊，2019）。例如，2016 年农业部《关于推进农业农村大数据发展的实施意见》明确指出，农业农村大数据要积极拓宽资金来源渠道，强化资金保障，探索采用政府购买服务、政府与企业合作（PPP）等方式，积极规范引导社会资本进入农业农村大数据领域，坚持上下联动、社会众筹（农业部市场与经济信息司，2016）。

未来，资本对农业数字资源建设的推动力不仅表现在提供必要的资金支持上，而且还突出表现在对农业主管部门相应的管理体制改革的“倒逼”作用。例如，为了赢得外资，政府积极引导相应的农业提供者进行主体“混合所有制”性质改革，同时农产品企业必须建立起市场化和专业化的财务决算体制和公司决策机制。

5. 农业数字资源建设的政治需求

农业一直是国民经济的命脉，在大数据时代尤为重要。近年，政府高度重视推动农业数字资源的建设，出台了一系列政策文件支持农业数字资源建设，为农业数字资源建设提供了良好的政策和社会舆论环境。

如前文所述，2015 年国务院相继发布《关于积极推进“互联网+”行动的指导意见》《促进大数据发展行动纲要》，提出实施现代农业数字资源工程，推进数据资源开放共享。2016 年，农业部印发《关于推进农业农村大数据发展的实施意见》，同年印发《农业农村大数据试点方案》，选取北京、上海等 21 个省（区、市）试点。值得一提的是，《农业农村大数据试点方案》明确指出，鼓励大数据试点地区依托本地区优势特色产业，重点开展单品种大数据建设。除了中央政府关于农业数字资源建设的顶层设计，全国各地也纷纷出台相应计划。例如，湖北省积极推进大数据顶层设计，《湖北省大数据发展行动计划（2016—2020 年）》明确指出，发展农业数字资源，助力现代农业加快发展。

在国内，农业数字资源自上而下的政治推动力十分明显，农业数字资源不但是现代农业竞争战略的制高点，也是未来我国农业参与世界范围内竞争的重要法宝（崔磊，2019）。

5.2.2 农业数字资源需求的内涵

1. 农业数字资源需求的概念

农业数字资源需求是指农业数字资源消费者在某一时期内，在各种可能的价格水平上愿意购买并且能够购买的某种农业数字资源的数量。

从经济学的角度讲，农业数字资源需求的形成必须同时具备两个条件：①消费者具有购买意愿；②消费者在现行价格条件下具有支付能力（罗三星，2011）。如果农业数字资源消费者对某种农业数字资源只有购买欲望而没有一定支付能力，或虽然有购买能力但没有购买愿望，都不能形成农业数字资源的有效需求（张勇，2004）。

农业数字资源需求不等于需要。需要是一种主观愿望，它不受购买能力的限制。一个一贫如洗的人，仍然具有各种需要。但是，需求要受到购买力的制约。需求是以购买能力为基础且愿意实现的需要。

2. 农业数字资源的需求原理

（1）农业数字资源需求函数。农业数字资源需求受很多因素影响，如果把影响农业数字资源需求的各种因素作为自变量，以需求量作为因变量，则可以用函数关系来表示影响农业数字资源需求的因素与需求之间的关系，这种函数被称为需求函数。

如果用 D 表示农业数字资源需求，用 P 表示农业数字资源的价格，a 表示消费者收入水平，b 表示消费者的数量与结构，c 表示消费者的偏好，$d,\cdots,n$ 代表影响需求的其他可能因素，则需求函数为

$$D = f(P,a,b,c,d,e,f,\cdots,n)$$

若只考虑需求量与价格之间的关系，而假定其他影响因素不变，则可以把需求函数简化为

$$D = f(P)$$

（2）农业数字资源需求表和需求曲线。农业数字资源需求可以用需求表来表示，农业数字资源需求表示的是在各种价格水平下消费者愿意购买的农业数字资源的数量（王静瑜，2013）。假设在某年某地，农业信息的价格为 100 元时，需求量为 500 条；当价格为 200 元时，需求量为 450 条；当价格为 300 元时，需求量为 300 条；当价格为 400 元时，需求量为 200 条；当价格为 500 元时，需求量为 100 条。把上述资料汇总，如表 5－2 所示，价格是指为获得一单位该信息所必须支付的货币量。农业数字资源需求表是表示农业数字资源需求的一种最简单的方法，其特点是简单明了，便于把握。

表 5－2　某地某年农业信息的市场需求

价格—需求量组合	价格（元/条）	需求量（条）
A	100	500
B	200	250
C	300	160
D	400	120
E	500	100

根据表 5－2 中的数据，可以绘制成一个需求曲线示意图（图 5－3）。

在图 5－3 中，横轴代表需求量，纵轴代表商品价格，D 为需求曲线。需求曲线是根据需求表绘制出来的，它是表示某种商品价格与需求量关系的曲线

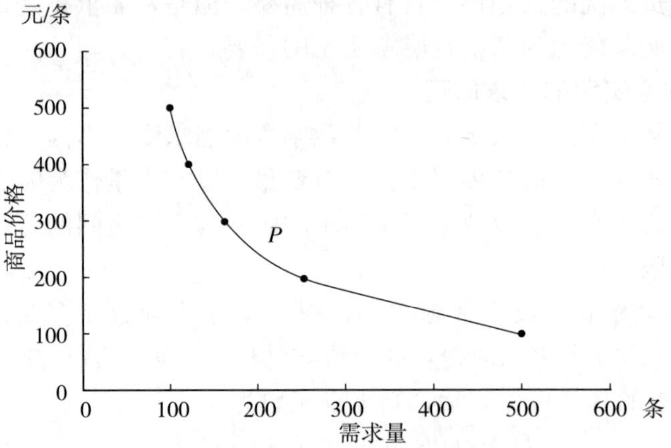

图 5-3　农业数字资源需求曲线

（在研究过程中，有时为了方便起见，也可以把需求曲线画成直线）。一般的，农业数字资源需求曲线是一条从左上方向右下方倾斜的线，说明农业数字资源的需求量随着价格的上升而减少，两者呈反方向变化。

（3）农业数字资源需求定理。一般而言，在其他条件不变的情况下，农业数字资源的需求量与其价格之间呈反方向变化，即农业数字资源需求量随其价格的上升而减少，随其价格的下降而增加。这种反方向关系表现出来的特征就是农业数字资源需求曲线向右下方倾斜，这一特征也被称作农业数字资源需求向下倾斜规律，简称为“农业数字资源需求定理”。当然，在理解需求定理时，“其他条件不变”是假设的前提。也就是说，若其他条件发生了变化，需求定理就难以成立。如消费者收入增加时，农业数字资源的价格与需求量之间就不一定呈反方向变动，很可能呈同方向变动。

需求定理所说明的需求量与价格呈反方向变动的原因可用替代效应和收入效应来解释。当某种农业数字资源的价格上涨了，而效用相同的其他数字资源的价格未变，那么，其他农业数字资源的价格就相对的下降了，消费者就要用其他数字资源来替代这种农业数字资源，从而会减少对这种数字资源的需求量。这种由于某种农业数字资源价格变动所引起的其他数字资源相对价格的变动，进而由相对价格变动所引起的农业数字资源需求量的变动就是农业数字资源需求替代效应。

收入效应是指农业数字资源消费者在货币收入不变，但实际收入水平提高的情况下，改变数字资源的购买量，从而达到更高的效用水平。也就是说，如果某种农业数字资源的价格下降，而消费者的货币收入未变，则消费者的实际收入将增加，从而也将增加对该种数字资源的需求量（杨凌华，2011）。

综上所述，替代效应强调了一种农业数字资源价格变动对其他数字资源相对价格水平的影响；收入效应强调了一种农业数字资源价格变动对实际收入水平的影响。需求定理所表明的农业数字资源价格与其需求量呈反方向变动的关系，正是这两种效应共同作用的结果。

3. 影响农业数字资源需求的因素

（1）影响信息需求的客观因素。农民对农业数字资源的需求主要取决于自身生产中对信息的需求，这种需求主要受到自然环境条件和社会条件的制约，包括三方面的因素。

第一，不同农户角色定位的差异影响了其对农业信息的需求。农户类型和个体的差异是影响其对各种农业数字资源需求差异性的根本因素，最明显的特征就是种植业农民和养殖业农民之间的差异，尽管都是从事农业生产工作，但是其对信息资源需求的差异是巨大的。

第二，社会变化因素影响农民对农业数字资源的需求。从社会因素来看，农民对农业数字资源的需求主要包括国家整体农业发展政策相关信息以及地方农业发展的相关政策，但是这部分信息的传播主要受到社会认可度的影响较大。

第三，自然环境条件的变化，特别是自然资源、自然环境的变化等因素，这是影响农村社区生活的主要因素，也会影响农民的种植与养殖结构，从而使得其对农业数字资源的需求存在差异。

这三种因素并不是截然分开的，生活实践中常常表现出比较明显的相关性。例如，社会因素变化会影响农民的经营决策，由此也会导致农业数字资源需求方向的变化，而农民对农业数字资源的变化一定程度上会推动农业数字资源服务方向的转变，二者在良性互动中有效推动农业数字资源产业的快速发展。

（2）农民对农业数字资源的认识与表达。农民对农业数字资源的需求是客观存在的，但是由于各种环境条件的影响，这种需求的表达常常被服务主体所忽视，认为其原因主要包括以下几个方面的因素。

第一，农民获取农业数字资源的意识在不同群体之间存在差异。由于农民群体间的差异，导致对农业数字资源的认识程度存在差异，也使不同农民群体对服务质量和水平要求不同，很多农民对于有效信息的判断与识别能力存在一定的不足，这便对农业数字资源需求多样性奠定了基础。

第二，农民经济状况的差异也使得其对农业数字资源的需求存在差异。农民对农业数字资源需求的过程也是资源价值表现的主要过程，尽管目前我国农业数字资源服务主体仍然是以公共产品的形式表现出来，但是资源的价值只有通过合理的使用才能表现出来，由于农民接收农业数字资源需要一些固定的设备，如电视、电子计算机等设备，农民经济状况影响对这些物品的购置，也会影响农民对农业数字资源需求的有效性转化。

第三，农民认知与信息应用能力影响其对农业数字资源的需求。农民对农业信息服务需求的表达是建立在合理的认识基础之上的，没有清楚和准确的认识，就不会有准确的需求方向；同时，农民在利用信息服务资源的同时，能否将信息资源发挥到最佳效果也是限制农民信息服务需求的另一个影响因素。

第四，农业数字资源供给状况也会影响农民对农业数字资源服务的需求。对于农民而言，及时有效的信息是其最需要的信息，但是这些信息的传递需要选用合适的方式，特别是能让农民易于接受的方式，农业数字资源质量的高低影响农民的信任程度。

农业数字资源是农业信息快速发展下对农业信息系统提出的更高要求，如何根据市场的需求确定最佳服务方式，用以满足农民对信息的需求，使有用的信息及时快速地传播至使用者手中，最大限度地发挥信息的作用，这是研究农业信息需求中首先要明确的问题，相信随着我国信息技术的快速发展，我国农业数字资源服务会更加优质高效地满足农民的需求。

（3）农业数字资源发展与农民需求之间的契合度。从农业数字资源的受益群体来看，首先受益的是农业科技人员和农技服务人员，这部分人群主要作为中间人，将最新的信息传递给需要的基层农民，同时提供相应的技术支持，以使信息能够发挥最大的经济效益。从获取途径来看，对于农业数字资源传递人员来说，其信息的主要来源是农业期刊，也有部分信息来源于网络，现实生活中由于专业期刊专业性太强，甚至部分期刊用英语出版或者双语出版，这对于文化素质较低的农民来说无法直接受益，需要专业的农技服务人员解读后才能有效利用。

农民是农业数字资源的最终需求者，也是当前受益最大的群体。但是从农业数字资源发展与农民需求之间的契合度来看，目前在涉农信息传播与服务上存在一些不协调因素，很多信息传播主体，特别是专业期刊，常常是最新研究成果的传播载体，现实中很多科研成果要求发表于英文杂志上，国内部分期刊也将追求英文化作为最终目标，这就失去了农业科研为农业服务的初衷，对于科学文化素质较低的农民而言，很多研究成果成为一纸空文，无法得到快速的应用，无法及时地转化为现实的生产力。除了农业信息服务体系与专业期刊存在不足外，农民接受信息能力差也是造成信息需求者与提供者不能很好衔接的重要因素。很多偏远地区农民文化素质较低，对一些抽象的概念性的知识信息无法理解，农民大多数都是被动地接受信息，主动获取信息的能力有限，对于真假信息的辨识能力较差，容易被虚假信息所蒙骗，但是对于及时和有用的信息需求欲望强烈，这就对农业信息服务提供者提出了很高的要求。

（4）农民对农业数字资源的需求的动态变化性。随着农业生产过程的进行，农民对很多农业数字资源的需求是动态的。例如，实际农业信息服务中，很多信息是在一定社会环境条件下形成的，由于目的性的差异，使得信息服务与需求之间出现偏差。在农业生产中，由于作物生育期的不同，导致农民在不同时期对农业生产技术信息的需求不同，这种需求的变动性也增加了农业信息服务的难度。由于各种因素的限制，很多农民对已经存在的信息无法准确地识别与利用，常常需要专业农业技术人员将信息转化为白话后传递给农民，这造成了动态信息与需求之间无法对接。因此，要求农业数字资源提供部门有专门的针对农民的信息服务，使有用的信息能够更好地发挥作用。

从农民需求的角度来看，农民的需求状态不同会对农业信息的服务需求要求不同，随着作物生长期的变化，农民对信息的需求也在变化，这就要求信息服务部门必须及时提示农民何时需要什么样的信息，农业信息的服务需要将农民的切实需求与自身的服务特点有机地结合起来，适时地调动农民对信息需求的主动性，将农民对信息的需求转化为实际的行动。对于农业信息服务主体而言，这便提出了更高的要求，如何适应农民的需求特点，提供专业化、及时化的服务，以切实提高服务质量是摆在农业信息服务人员面前的重要问题（任钰，郭芳芳，2015）。

4. 农业数字资源的需求弹性

弹性就是灵活性、反应程度，即在两个函数关系的变量之间，其因变量对自变量变化的反应灵敏度（姚成胜，刘耀彬，2010）。农业数字资源的需求弹性包括农业数字资源需求价格弹性、交叉价格弹性、收入弹性等。但平常所说的需求弹性，一般多指需求价格弹性。

（1）农业数字资源需求价格弹性的概念。农业数字资源需求价格弹性，是指某种农业数字资源需求量对其价格变化的反应灵敏程度，即农业数字资源需求量变动的百分率对其价格变动百分率的比率。其大小用需求弹性系数来表示，公式为

$$E_d = -(\Delta Q/Q)/(Q/P) = -(\Delta Q/\Delta P) \times P/Q$$

式中，E_d 为需求弹性系数，Q 为需求量，ΔQ 为需求变化量，P 为价格，ΔP 为价格变化量。

（2）农业数字资源需求价格弹性的种类。各种农业数字资源的需求价格弹性不尽相同，根据需求弹性系数的大小可把需求的价格弹性分为以下几类（图 5-4）。

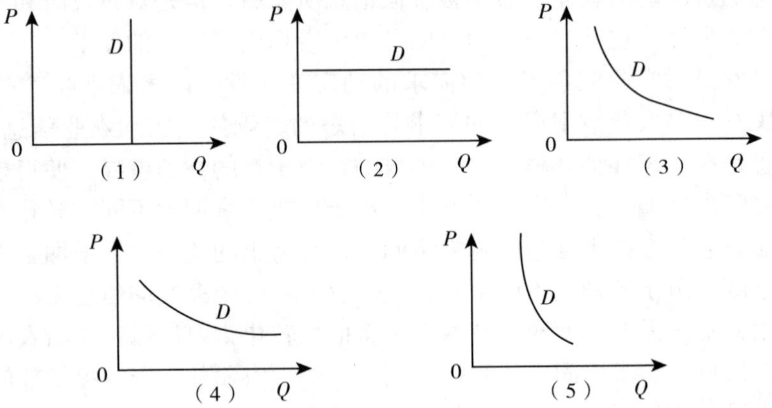

图 5-4　农业数字资源需求价格弹性

①当 $E_d=0$ 时，称为需求价格完全无弹性，即无论价格如何变动，农业数字资源需求量都不会变动，此时的需求曲线是一条与横轴垂直的线。在现实生活中，需求完全无弹性的情况很少见。

②当 $E_d \to +\infty$ 时，称为需求完全有弹性或弹性无限，即在一定价格水平下，需求量是无限的，此时的需求曲线是一条与横轴平行的线。它表明价格的任何微小变动都会引起需求量的无穷大变化。

③当 $E_d=1$ 时，称为需求价格单一弹性。表明需求量的变动幅度与价格的变动幅度相同（谭美容，2017）。

④当 $E_d>1$ 时，称为需求价格富有弹性。表明需求量的变动幅度大于价格的变动幅度，需求曲线是一条比较平缓的曲线（谭美容，2017）。

⑤当 $0<E_d<1$ 时，称为需求价格缺乏弹性。表明需求量的变动幅度小于价格的变动幅度，需求曲线是一条较陡的曲线（谢琼，王雅鹏，2008）

5.2.3　农业数字资源商品的需求特点

农业数字资源商品的需求主要有以下特点。

（1）农业数字资源商品消费的非损耗性和积累性。物质商品在消费和使用中逐渐消耗掉产品的物质形态，使其失去原有的使用价值，完成其作为商品的功能，这就是物质商品的消耗性。农业数字资源商品则不同，其在使用和消费中表现为数字资源内容从一种物质载体转移到另一种物质载体，无论怎样转移，都不会使其失去原有的使用价值或效用（李青松，2002）。

（2）农业数字资源商品消费的再生性。数字资源商品消费的再生性是指数字资源商品在满足社会需求的同时，不仅不会被消耗掉，还会产生出新的数字资源商品；而且农业数字资源商品利用得越多、越广，其效用的发挥就越充分，创造出的新数字资源就越多（李青松，2002）。

显然，农业数字资源商品的非损耗性、积累性和再生性是由农业数字资源本身的特性决定的。物质商品会受到可开发物质资源数量的限制，很难维持持续的高速增长（高英，2006）；而农业数字资源商品消费的非损耗性、积累性和再生性决定了其作为社会生产投入要素，具有边际效益递增的特点，并且当其他生产要素经过改造后，也会出现边际效益递增，从而给经济增长注入持续的动力。

（3）农业数字资源商品消费的再创造性。农业数字资源商品效用的发挥与使用者的素质和使用者所拥有的条件息息相关。同样的农业数字资源商品，由于使用者的基本素养不同，可能产生完全不同的效果（王欣，2008）。而且，农业数字资源商品的消费也只有同人们创造物质财富的实践活动结合起来，才能发挥出巨大的作用。因此，在创造社会物质财富中，农业数字资源只是一种要素，只有与物质商品要素的作用结合在一起，才能创造出财富。所以，农业数字资源发挥作用需要通过渗透于其他生产要素之中，与它们相互结合而创造出更高的生产力和更多的社会财富。

（4）农业数字资源商品消费的时效性。与物质商品相比，农业数字资源商品消费的时效性更强，其效用随时间的变化而变化。物质商品在使用过程中存在着无形和有形两类磨损，而农业数字资源商品则只存在无形磨损。物质商品的无形磨损常常表现为相对使用价值的减少，而其绝对使用价值的变化很小；但农业数字资源商品的无形磨损则往往表现为使用价值的完全丧失（干燕飞，2011）。应注意，农业数字资源商品时效性并不是单纯地考虑时间的长短，而更多地依赖于客观条件的变化以及人们需求的变化等因素（骆正山，张宏山，王小完，2013）。

5.2.4　农业数字资源商品市场的供求机制

在经济学中，均衡是一个被广泛运用的重要的概念。均衡的最一般的意义是指经济事务中有关的变量在一定条件的相互作用下所达到的一种相对静止的状态（曹晶晶，2007）。在经济学中，一种商品的均衡价格是指该种商品的市场需求量和市场供给量相等时的价格（杨涛，2008）。在均衡价格水平下的相等的供求数量被称为均衡数量。从几何意义上说，一种商品市场的均衡出现在该商品的市场需求曲线和市场供给曲线相交的点上，该交点被称为均衡点。均衡点上的价格和相等的供求量分别被称为均衡价格和均衡数量。市场上需求量和供给量相等的状态，也被称为市场出清的状态。

资源供给与资源需求是农业数字资源市场上相互联系和相互对立的两种概念。资源供给要求有资源需求设施，而资源需求又要由资源供给来满足；供给制约需求又必须适应需求，需求依赖于供给又给予供给出路。供给与需求都要求对方与之相适应。若相互适应了，供求就平衡、协调了；否则，就是供求不平衡、不协调。

农业数字资源商品市场的供求矛盾，由于实际情况的变化和差异可以表现为三种形态，即供过于求、供不应求和供求平衡。由于农业数字资源具有非消耗性和共享性，某种农业数字资源商品一旦生产出来，就可以在不同时间、不同地点进行多次转让，从而满足多次的、反复的消费需求（刘志洲，吴纯秀，1998）。所以，在农业数字资源商品市场中一般不存在长期供不应求或供过于求的情况，有些需求如果得不到满足，只可能因为根本无货供应。此外，农业数字资源商品市场上的供求还受到下面两种情况的影响。

（1）数字产品质量的隐蔽性。经济学家把商品分为购买时可以通过触摸、掂量来辨别的搜寻商品和在使用段时间后才能识别其特性的经验商品。数字产品是典型的经验商品。因此，农业数字资源商品的质量在消费者与生产者之间存在严重的非对称性。正是由于这种非对称性，生产者和消费者可能对农业数字资源商品的效用价值作出不恰当的判断，影响农业数字资源商品的供给和需求，从而使市场不能达到最优的社会效率水平。这一问题需要相应的市场机制来逐步解决。

（2）数字产品和服务的外部效应。所谓外部效应，是指未能适当地反映市场中经济活动主体间的相互影响，没有在正常的价格体系中得到反映的一个经济活动者对其他活动者的影响，即一方对另一方的非市场的影响。外部效应是普遍存在的，且可以为正（有益的），也可以为负（有害的）。但由于外部效应发生在市场价格体系之外，无论正负，市场价格都不会考虑“强加”给社会其他成员的外部收益或外部成本。因此，消费者和生产者作出的决策无法正确反映商品或服务的全部社会收益和社会成本，结果使产出的社会效率水平不是高于就是低于竞争市场的均衡，从而影响市场的供求（胡石清，2002）。

农业数字资源商品或服务可能具有负外部效应，如各种传媒中的一些不当画面等，若强加给那些不希望消费该农业数字资源的消费者时，即为一种负外部效应。大多数的农业数字资源商品或服务常常具有正外部效应，如发明创造等。当某人完成了一种新的发明，并由此产生了更大的生产力时，其他人或企业会从中获利，社会得到了正外部效应（樊玮，2010）。但这种正外部效应常常会因供应者未获得相应的报酬而失去生产的动力，从而使农业数字资源商品或服务的生产和供给不足（胡石清，2002）。虽然各国政府都采取措施通过法律等手段来矫正或弥补这种市场失灵，如版权制度、专利制度等，但这又可能会导致另一种市场失灵，如垄断等，也会使经济效率降低（骆正山，张宏山，王小完，2013）。

5.3　农业数字资源的价格

5.3.1　农业数字经济的特征

农业数字经济是伴随信息技术的创新进步而发展起来的一种新的经济活动形态。与传统经济比较，农业数字经济在微观、产业及宏观经济等层面都有不同于过去工业经济的一些新特征。其主要表现如下。

1. 网络外部性

网络外部性是农业数字经济中的一种重要现象，其基本含义是“当使用同一产品或服务的用户数量发生改变时，会导致每个用户从消费此产品或服务中所获得的效用也会改变”，该概念最早是由 Rohlfs（1974）提出。

上述含义是一种定性描述，而对网络外部性的定量描述是梅特卡夫法则（程虹，王林琳，2006），该法则认为网络的价值与用户数量的平方成正比，用公式表示为

$$v = n^2$$

其中，v 为网络的价值，n 为网络中的用户数。

在互联网、电信、航空等领域中广泛存在网络外部性的现象，它是传统经济学中的外部性在网络系统中的一种呈现。

2. 长尾经济性

长尾经济是基于互联网时代兴起的一种新经济理论。这种理论认为，如果商品的存储和流通的渠道足够大而使所有商品都能正常经营，那么一些所谓需求不旺或销量不佳的产品共同占据的市场份额，能够与那些数量不多、但受人欢迎的热卖品所占据的市场份额相媲美，甚至更大。

这一新颖的理论观点来源于美国人克里斯·安德森。在过去，由于工业经济时代的成本及效率的影响，人们只能关注重要的人或重要的事，但互联网经济时代人们也可以关注那些非重要的、过去被忽略的人或事，用数学正态分布曲线来描绘这些人或事。工业经济时代人们只能关注曲线的“头部”，而互联网经济时代，由于产品及经济活动形态的变化，使人们关注的成本极大降低，曲线的“尾部”也可以受到人们的关注，而且关注“尾部”产生的总体效益甚至会超过“头部”，这个所谓的“尾部”就是长尾市场，也称长尾经济。这个市场能给互联网时代的企业带来巨大的利润空间（克里斯·安德森，2015）。

3. 规模经济性

规模经济性是指企业单位产品成本在一定的市场需求范围内，由于各种因

素使其随着生产规模的扩大而减少，而其收益随着生产规模的扩大而递增的一种现象。

它的存在通常是由于企业巨大的初始投入成本——固定成本而导致的。互联网经济中有供需双方的规模经济：需求方的规模经济是指伴随消费者数量的不断扩大，消费者对产品的支付意愿（即价格）越大，产品的价值越大，其价格可能越高；供给方的规模经济是指随着产量的不断扩大，产品的单位平均成本不断减小。这种供需双方规模经济作用的结果表现为一种马太效应（正反馈机制），最终会导致企业强者愈强，弱者愈弱，而达到一家独大，赢家通吃。

4. 边际收益递增性

随着企业生产规模的不断扩张，在传统经济中，边际效益会呈现出不同的增减趋势，但在农业数字经济中，却只呈现出明显的边际效益递增特性。其主要来自两方面的原因：一是边际成本递减，二是累积增值性。在信息网络产品的成本构成中，网络初始建设成本、信息传递成本与信息收集处理、制作成本是最主要成本部分，前两种成本由于长期使用边际成本为零，因此平均成本递减，而后一种成本与网络用户有关，平均成本随网络用户增长而递减，但其收益却随用户数量递增而同比例增长，即规模越大，收益越多。同时，由于知识经济中存在学习效应，使边际成本递减，企业会不断积累经验，开发类似新产品，从而产生边际收益递增趋势。这两方面的共同作用，使边际收益递增成为互联网经济的重要特性。

5. 垄断性

在农业数字经济中，从供给与需求角度来看，存在以下的发展过程：一是由于技术创新垄断导致产品标准化，进而边际收益递增，导致供方形成规模经济；二是由于技术推动和锁定效应、需求的自我增长导致需方形成规模经济，供给方和需求方规模经济的结合，使强者愈强。

在这一过程中，企业规模的不断膨胀降低了供给方的平均成本，并使消费者的效用提升，刺激需求，驱使供给方以更低的成本提高供给量。规模进一步扩大，成本进一步降低，就此形成正反馈，最终形成垄断。这种垄断的形成是一个不断循环往复的过程。从整体上看，互联网经济下的垄断有别于过去工业经济下的垄断，这种垄断是有效率的，其有利于技术创新及企业规模经济与范围经济的增长，有利于降低社会福利的损失，最终促进市场效率的提升。

6. 高渗透性

互联网作为一个重要的生产工具，其本身具有较高的渗透功能，会不断向一、二、三产业扩张，三大产业的界限也因此日益模糊，逐渐形成相互融合发展的趋势。在互联网经济时代，利用信息网络技术，实现产业优化升级，成为经济发展的一种必然选择。同时，信息技术的高渗透性还导致了一些“新兴的边缘交叉产业”的出现，如网络金融产业、生物信息产业等。在互联网的推动下，基于这个高渗透性的产业融合与发展会改变整个社会经济发展的规模和动力。

5.3.2　互联网数字产品定价所受影响因素

农业数字经济时代的产品形式主要是数字产品，数字产品主要包括三类。

第一类是信息内容形成于 0 或 1 数字格式的一种交换物。

第二类是通过互联网以比特流方式运送的产品。

第三类是基于数字技术的电子产品或将其转化为数字形式通过因特网来传递或者依托于一定的物理载体而存在的产品。

5.3.3　农业数字资源的定价决策影响因素

农业数字资源定价是指互联网企业通过对成本、需求及竞争等状况的研究，依据一定的定价目标，运用价格理论，对产品价格进行决策的一种行为。基于上述农业数字经济的特点及数字产品定价的含义，农业数字资源定价决策的影响因素主要有以下五点。

1. 农业数字资源的自身价值

农业数字资源的价值包括两部分，即农业数字资源自身的使用价值与基于网络系统性的协同价值，两者构成农业数字资源价值的基础。两者的价值越大，产品的价格越高。

2. 农业数字资源的生产成本

农业数字资源具有研发成本高，生产成本低，固定成本高，变动成本、边际成本低的特征。农业数字资源的定价无法采用传统经济中的边际成本定价的准则，与传统经济产品的成本定价方式相比，农业数字资源更适合采用以消费者满足程度为准则的市场价值方式定价。

3. 农业数字资源研发的风险程度

农业数字资源的沉淀成本高，效益难以预测，其开发与生产具有更大的风险性。开发的风险性、难度与产品的价格呈正比例关系，即生产者所承担的风险越大，生产产品的难度越大，投入的脑力劳动越多，产品的价格会越高。

4. 农业数字资源的质量

农业数字资源的质量基于其性能，性能的决定要素包括产品的先进性、通用性及实用性等。通用性好的农业数字资源，能形成正反馈效应，达到用户群体购买优势，价格会较高。通用性差、实用性差的数字产品，购买者较少，价格会较低。先进且具有创新性的农业数字资源具有好的发展前景，能带来超额利润，价格会较高。不能达到先进性、通用性、实用性的数字产品价格较低。

5. 农业数字资源的垄断性

由于农业数字资源在竞争中易形成赢家通吃的结果，使农业数字资源具有一定的垄断性，农业数字资源垄断性的强弱直接影响其价格的高低，农业数字资源供给的可选择范围越大、可替代性越强，其垄断程度越低，价格也越低。

5.3.4 农业数字资源的定价策略

由于农业数字经济的自身特点及农业数字资源定价的一些影响因素，使农业数字资源的定价方式表现出自身的特殊性。

农业数字资源易于形成边际规模效用递增效应、消费者需求呈现出更强的多元化、对同一产品更具有明显差异的预期价值，决定了农业数字资源企业不适合采用生产导向定价或成本定价，需要以农业数字经济特性为基础，采取以消费者为导向的定价或市场价值定价。这种定价方式使数字农业企业表现出以下 6 种定价策略。

1. 免费定价策略

在农业数字经济中，农业数字资源的成本构成特点使其生产的边际成本几乎为零，因而许多数字农业企业热衷于采用免费定价策略，通过这种策略实现市场规模的扩张，并建立企业的安装基础。具体主要包括以下几方面。

一是限制免费策略，指用户把数字产品免费下载之后，用户受到一定的限制来使用它的全部用途的一种策略。这种限制主要表现为两种：一种是使用期限的限制，用户下载免费试用一段时间后超过时间继续使用则需要付费；另一种是使用次数的限制，超过规定次数则要付费。这种定价策略的主要目的是让顾客先体验产品，通过这种体验让用户对产品的购买自我抉择，满意则购买，不满意则不购买。体验性是互联网产品的一个重要特点，通过体验提高用户黏性，可使互联网企业获得更多用户群体，占领更多市场份额。

二是部分免费策略，指消费者可免费消费产品一种或几种用途，但要想使用全部用途则必须付费购买正式产品。有两类不同的数字产品付费缘由：一类为必要的，如免费查毒软件只能处理简单的病毒，较为关键的病毒处理则需购买正版杀毒软件；另一类是个性化的，如陌陌即时聊天软件，注册用户都可以免费享受即时通信的需求，但要享受更高级的个性化服务，则需付费，这两类付费缘由形成企业的定价基础。

三是完全免费策略，指农业数字资源从购买、使用到售后服务所有环节都实行免费，这种策略主要是让顾客先无偿使用产品或服务，以吸引用户或占领市场，并逐渐形成对消费者的锁定，通过锁定获得企业未来相关产品或互补产品的收益及利润。通常处于农业数字资源初始期的互联网企业，会经常采用这种定价策略，以便占有更大市场，获得长远利益。

2. 多重价格定价策略

多重价格定价策略的另一种表述是歧视定价，这种策略的实质是一种价格差异，指企业在向不同的用户提供相同等级、相同质量的商品或服务时，对用户区别对待，实行不同的销售价格或收费标准。依据价格差异的程度，在相关经济理论中，把价格歧视定价策略区分为三个等级。

一是一级价格歧视定价策略，又称完全价格歧视或个性化定价，即每一单位产品都有不同的价格，是指根据顾客的各种特征以及顾客对产品的价值认同来为每位顾客进行个性化的定制，使消费者可以选择出最适合自己的产品，企业也能够获得全部的消费者剩余。如数据云计算服务商几乎对每位商业客户的定价都不相等，通常多体现在数据应用或现代咨询服务业务中。由于采用该策略可获得全部消费者剩余，行业有着丰厚的长远投资报酬，所以是当前互联网服务企业竞争的核心业务之一，而且未来可能会有更多企业采用这种定价策略。

二是二级价格歧视定价策略，指农业数字资源企业依据产品的差异化，把特定消费者的需求曲线分为不同的消费数量段，对不同段收取不同的价格，也称版本定价，其是指在缺乏精确的消费者偏好的情况下，根据不同顾客需求提供不同版本服务，再为不同版本制定不同价格，并且一般通过采取降低高端产品的价格使其更具市场潜力、降低低端产品的质量使其吸引力更小的方法，来避免版本之间的相互影响。

三是三级价格歧视定价策略，也称群体定价，指企业按照消费群对其产品的需求价格弹性来划分若干个子目标市场，对不同的目标市场寻求不同价格的定价策略。其中地区定价是比较典型的一种，如微软的 Windows 系统软件，该产品在中国以高价销售，在美国的销售价格则较低。另外在此定价策略中，通常可以把消费者分为两类：一是性能理性型消费者，二是价格理性型消费者，对这两类不同的消费者，就可以采取群体定价策略——对性能理性型消费者群体制定较高的数字产品价格，而对价格理性型消费者群体制定较低的数字产品价格。这种定价策略能使企业获得更多超额利润。

3. 捆绑定价策略

如果企业将两种或两种以上的相关产品捆绑打包，并制定一个合理的价格来销售，可以称之为捆绑定价策略。这种定价策略广泛用于农业数字资源领域，它能够给企业带来更为广泛的消费者群体，有效地排挤竞争对手，圈占市场，并设置进入壁垒，使企业获得规模效益，获得更大的利润空间。其可分为以下四种形式：

一是纯捆绑或整体捆绑，是指销售一揽子产品而不单独销售其中的部分产品的定价行为，如某些网站只向那些购买了会员资格的使用者提供各种服务，而不向非会员提供任何部分内容的服务。

二是混合捆绑或部分捆绑，是指除了销售一揽子产品外也单独销售捆绑产品内的各个部分的定价行为。

三是互补式产品捆绑，即产品在用途上因具有互补性而进行捆绑定价的行为，如中国移动将几种不同的电信业务绑成一份套餐进行定价。

四是非相关性产品捆绑，即生产者将一种产品同非相关性的另外一种产品组合进行定价的行为，其被捆绑的产品不是互补品，也不是替代品，其作用主要是能给生产者带来有关消费者对基本产品的支付意愿的信息。

4. 限制定价策略

虽然垄断性是农业数字经济的一种特性，但是这种垄断并没有消除竞争，在农业数字资源市场中，通常可能有一个企业形成了所谓的垄断，但这个企业仍然会面临其他竞争者随时加入的威胁，在这种情况下，市场垄断者会应主动牺牲一些短期利润，适时降低产品价格，防止其他竞争者受所谓高额利润引诱而进入该市场，这种适时降低产品价格的定价策略被称为限制定价策略。

在这种定价策略中，企业通过当前产品价格政策向潜在企业传递成本与利润相关信息，影响潜在企业对进入市场后利润水平的预期，利用“限制价格”来形成该市场的进入壁垒，并进一步地形成行业准入标准，在独占市场利润的同时，还会加大数字产品的规模经济效应，从而进一步降低平均成本与费用，获得长期垄断利润。

5. 锁定定价策略

该策略又被称为主流化定价策略，是农业数字企业为了获得足够的消费者规模，使自己的产品成为标准或主流的一种定价策略。互联网企业通过提高市场占有率及消费者数量，达到一个临界点或临界量，产生“滚雪球”似的累积效应，形成正反馈后，会最终成为市场赢家。在这一过程中，消费者如果在不同数字产品之间进行变更选择，会产生额外成本。

企业在农业数字资源定价时，可以通过产品不断迭代、增加产品附属价值等方式增加转换成本，以达到锁定消费者的目的，使其无法从该产品转投其他可替代品。这种定价策略首先要通过促销或提供折扣等建立安装基础，形成锁定的条件，然后培育用户以提高消费者忠诚度，进一步提高用户转移成本，对产品和价格进行设计使其更具有吸引力，最后向消费者出售相关互补产品或服务，从相关互补产品或服务中获得企业的收益及利润。

6. 拍卖竞价策略

网上拍卖定价是互联网时代产品定价发展的一种新方式，其中英式拍卖是目前较为流行的一种方法。这种拍卖方式是指当竞买人发现感兴趣的产品时，通过网络浏览当前的最高出价，决定是否竞价，并且继续关注产品拍卖状态，一旦当前竞价高于该竞买人的竞价，拍卖站点会自动通知竞买人。

网上英式拍卖与传统拍卖方式主要差别在于，网上英式拍卖需要事先确定拍卖起止时间。此外，还有一种逆向拍卖方式，即允许购买者规定规格和愿意支付的价格，然后给参与的销售商提供相应的出价，即把传统零售商市场的功能倒过来。目前，网上拍卖已逐渐从单品物件拍卖向多件相同物品拍卖和组合拍卖方向发展。网上拍卖竞价也因此成为互联网企业的一种产品定价方式（高孝平，2017）。

第六章　农业数字资源的经济学分析

在经济增速换挡、结构调整阵痛和前期刺激政策消化“三期叠加”，以及投资边际报酬递减、人口红利消失、“模仿创新”技术进步受阻“三重冲击”的新常态背景下，中国经济发展亟须由要素驱动、投资驱动转换为创新驱动、全要素生产率驱动。与此同时，随着新一代信息与通信技术的创新突破，数字经济与实体经济的深度融合发展，尤其是移动互联网、大数据、云计算、人工智能等新一代信息通信技术扩散并应用到经济社会的各个层面，新的产业革命和科技革命正孕育形成。在新旧动能转换的时代背景下，数字经济成为新时代中国经济动能转换和高质量发展的重要驱动力和新引擎，数字经济引入和应用到农业领域中，成为农业经济高质量发展的新动能（丁志帆，2020）。

将农业数字技术广泛渗透到农业经济社会的各个方面，使农业数字经济的内涵不断发生变化，借鉴弗里曼和佩蕾兹等学者构建的“技术—经济”范式理念，从经济学视角重构农业数字资源内涵。也就是随着农业数据存储、传输和处理能力的快速发展，农业数据资源的价值创造潜能得到极大开发，相比于其他农业生产要素，农业数据资源具有可复制、可共享、无限增长和供给的特点，它的价格低廉，可以给农业经济发展带来成本上的竞争优势，并有效打破传统农业生产要素有限供给的制约，为农业持续发展提供基础和可能（图 6－1）。

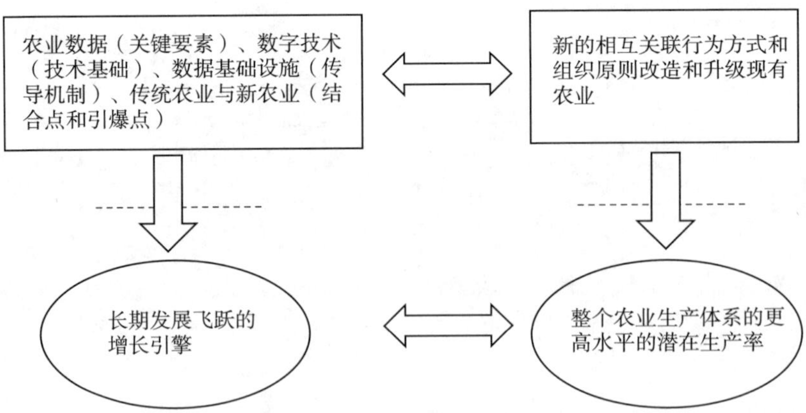

图 6－1　农业数字经济背景下“技术—经济”范式理念的双重性质

6.1　农业数字资源经济学分析的理论机制

基于现有的经济理论，从宏观、中观、微观三个层面对农业数字资源进行经济学理论机制分析。

6.1.1　宏观层面

在宏观层面上，农业数字资源通过影响农业生产投入和农业产出效率，由此间接影响农业经济的发展，主要体现在要素投入的增加和提升、要素配置效率的升级和改善，技术创新和技术溢出带来的全要素生产率的升级和改造。

一是生产要素的增加及其配置效率的提升。农业数字资源的有效利用，在增加农业生产要素来源的同时，不断提升农业生产要素的配置和利用效率。①互联网技术创新和广泛应用的背景下，新的生产要素不断形成并补充到宏观生产函数中，也就是在传统的农业生产要素，资本、土地、技术、劳动力的基础上，加入农业数字资源等新的生产要素。由于数据的易复制性、零边际成本、非损耗等特性，能够克服传统要素的稀缺性和排他性，突破传统资源约束与增长极限。因此，现阶段数据成为新的核心生产要素，生产要素向虚拟化方向发展，新经济时代的增长核算框架应当加入数据（胡贝贝，王胜光，2017）。②作为生产要素的数据和信息既可以直接投入到生产中，也可为传统的土地、劳动、资本等生产要素提供增值服务，提升其生产效率。要素效率的改善、吸收能力的提高、投入产出关系的变化意味着传统生产函数已不适应，产生了新的生产函数（胡贝贝，王胜光，2017）。③互联网连接功能和大数据平台的有效配置通过提升生产效率，带来边际效用递增，引起产出的指数增长，由此改变传统新古典生产函数下的生产函数规模报酬不变，扩张生产可能曲线。

二是资本深化效应。通常，技术革新会引起资源、产品的相对价格发生重大变化，由此导致经济行为人倾向采用功能更强大、价格更低廉的核心技术和关键要素（丁志帆，2020）。也就是说，新产业、新模式、新业态、新基础设施、新技术的兴起，会引起国民经济产业结构和投资方向的改变。根据摩尔定律，随着信息通信技术（ICT）的进步，数字产品和服务的价格不断下降，居民和企业会用数字产品替代传统产品。ICT 产品和服务需求的增加引致的资本替代，最终将带来数字基础设施和信息产业规模的扩大，以及资本投入质量的提升。经验研究显示，对 ICT 的大规模投资贡献了 20 世纪 90 年代后半期美国生产率近一半的增长（胡贝贝，王胜光，2017）。此外，随着 ICT 投入的增加，技术进步越来越内化于资本设备，与非 ICT 资本表现出的资本边际报酬递减不同，ICT 资本具有规模报酬不变甚至递增的特点。因此，ICT 产品价格下降与质量提升使得资本深化加速，不断提升生产率。

三是技术创新效应。根据内生增长理论，内生的研发与创新是驱动经济增长和技术进步的核心要素。随着前期基础设施建设和ICT资本的积累达到门槛值，ICT生产部门的技术创新效应逐渐显现。数字技术的进步被认为不仅仅是生产可能性边界的扩展，更是创新可能性边界的延伸（胡贝贝，王胜光，2017）。研究发现，美国在20世纪80年代经济复苏的重要原因就是信息技术的创新发展，尽管进入21世纪，信息技术对美国生产率提升的贡献率有所下降，但依然是美国经济增长的主要驱动力。

四是技术扩散效应。农业数字革命是信息和通信技术在农业领域中的大规模扩展和应用，而不是信息和通信技术本身。也就是农业数据经济通过与实体经济的深度紧密融合，把技术创新扩散到农业经济的方方面面。根据通用技术理论，数字技术具有使用广泛、持续改进、激发创新等特点，不仅能够直接影响ICT生产部门的创新效率，而且能够通过扩散和溢出效应影响ICT使用部门的生产效率。实证研究表明，与信息技术制造和研发部门相比，农业、金融、零售等信息技术应用部门通过加大对信息系统的投资力度，逐渐成为生产率增长的主要驱动力（丁志帆，2020）。

6.1.2 中观层面

在中观层面上，农业数字资源的“赋能效应”明显，不仅能实现数字技术的农业产业化发展，还有助于推动传统农业向数字化、网络化和智能化转型，以及通过产业融合形成农业发展的新模式和新业态。

一是产业关联效应。根据不同产业部门之间的技术关联和工序分工，数字产业与其他产业（包括农业）有着紧密的前向与后向联系，通过数字技术对现有产业数字化、网络化和智能化的改造，使传统产业关联关系得到扩展。根据现有的国民经济产业分类，通信设备、计算机和电子元件等其他电子设备行业属于中间投入品制造业（丁志帆，2020），而信息传输、软件和信息技术服务业属于最终需求型服务业。因此，数字产业在连接、平衡和带动农业产业发展方面发挥着重要作用。数字技术革命首先从数字产业逐渐扩散到联系最为紧密的行业，通过高协同性和正反馈效应形成具有强烈互动的产业集群，再通过横向或纵向产业关联，进一步降低农业采用新技术范式所需要的成本（丁志帆，2020）。

二是农业产业创新效应。农业数字技术革命不仅意味着农业新产品、新模式和新业态的爆发性发展，而且意味着人类社会生产方式的飞跃。以大数据、云计算、人工智能为核心技术的新一代信息通信技术产业生产率高、创新活跃、外溢作用显著，是未来农业产业升级的方向。同时，在数字技术扩散与农业产业化应用的过程中，供给与需求侧的响应又倒逼信息通信技术产业不断升级。值得注意的是，通常情况下数字技术产业集群的发展速度并不一致，发展的顺序经常依赖于反馈环路。换句话说，每一轮农业产业革新既有赖于既有农业产业和所创造的市场优势，也将惠及后续的农业产业发展（丁志帆，2020）。

三是农业产业结构调整效应。随着信息通信技术产业成为当前经济与社会发展的主导产业，以及 ICT 产业内部结构更加合理，产业结构自动实现了高级化。此外，数字产业在自身不断创新发展的同时，也通过对传统农业进行数字化改造，不断增强新旧农业产业之间的协同性，推动传统农业向数字化、自动化、智能化转型。值得注意的是，在不断催生新的农业业态和商业模式的同时，数字技术的融合创新与广泛应用也对传统农业业态和商业模式构成极大冲击（裴长洪，倪江飞，李越，2018）。因此，数字经济的发展并不是对传统农业部门的简单替代，而是通过对其深度改造而实现再生（丁志帆，2020）。

6.1.3 微观层面

区别于传统经济只强调价格与数量，微观层面数字经济通过生产的规模经济和范围经济，满足消费者的多样化消费需求，并通过精准的匹配机制实现供求的动态、多元、复杂均衡（丁志帆，2020）。

一是规模经济。理论上，企业（包括农业生产企业、农业加工企业）可以将规模调整到长期平均成本最低点以实现规模经济。然而，由于受到企业资产存量和内部交易成本等因素的限制，企业的平均生产成本呈现出先降后升的特点，这也意味着工业时代的企业规模无法无限扩大（裴长洪，倪江飞，李越，2018）。在数字经济时代，企业的生产成本呈现出如下特征：高固定成本和低边际成本。其中，高固定成本主要来源于企业研发支出、基础设施建设以及对消费者的补贴；低边际成本则是指产品一旦生产出来，几乎可以零成本无限复制。由于低边际成本甚至零边际成本，厂商倾向于无限扩大生产规模，而生产规模的扩大会均摊高固定成本，降低长期平均成本，带来生产上的规模经济。此外，过去规模经济指的是供给端。然而，随着数字技术的应用，不仅生产者更容易实现规模经济，消费者也可以实现规模经济，进而形成生产者与消费者之间的良性互动，产生正反馈效应，进一步使供需双方成本降低（丁志帆，2020）。

二是范围经济。借助技术关联性，传统企业（包括农业企业）通过平行供给多种产品来实现生产上的规模经济。显然，产品的相关性是传统意义上的范围经济的基础。产品相关性越强，范围经济的特征就越明显。与传统经济不同，数字经济则是将产品的相关性降到了最低，例如植入的广告，与产品本身可以没有任何相关性，这就极大拓展了范围经济的应用范围。同时，这种范围经济又是建立在规模经济和网络效应基础之上的，市场占有率和用户数量是实现范围经济的基础。基于海量的用户群体，网络化的平台企业可以最大化地拓展经营范围，除了出售那些满足大众需求的大批量产品以外，还可以通过定制化生产，最有效地形成长尾效应。范围经济颠覆了传统生产模式下牺牲个性化换取规模化的做法，证明了差异化生产依然可以是经济可行的（丁志帆，2020；郭美晨，杜传忠，2019）。

三是网络效应。规模经济与范围经济的基础与支撑是网络效应。根据梅特卡夫定律，网络具有强外部性和正反馈效应，网络的价值与联网用户数的平方成正比。随着连接到信息与通信网络的家庭数量的急剧扩展，ICT 的网络外部性逐渐显现。当网络用户超过特定临界点时，就会触发正反馈，网络价值呈现爆发式增长态势（裴长洪，倪江飞，李越，2018）。例如，微信等社交平台、拼多多平台、农产品直销网络平台等，庞大的消费群体使得信息的传播与共享愈发充分，创造的网络价值越大，能够进一步吸引更多的企业与消费者进入。此外，网络效应改变了传统的边际成本定价模式，通过网络效应意味着边际效用递减规律不再生效，边际递增效应和网络联动效应成为数字经济时代促进要素流动新的动力机制（丁志帆，2020）。

四是匹配机制。在适应新时代消费者的大规模、多样化、个性化、排浪式的消费需求的同时，数字技术也催生出一些新的农业商业模式，如绿色蔬菜进社区、O2O、“无人蔬菜售卖点”等。数字技术本身具有的连接功能可以将供求信息转化为数据，并利用大数据进行供需的有效整合与精准匹配，解决了协调或交易成本问题，大大提高了资源配置效率。以社区设置的“无人蔬菜售卖点”为例，企业在各个售卖点提供的各类蔬菜水果的每天购买量数据都会上传至企业后台，企业通过分析社区内顾客的购买情况可以更为精准的实现供给与需要的多元匹配，实现供需均衡，增强了农业数字资源使用外部性的价值，减少匹配两者所花费的时间。因此，数字技术不仅使得原有的交易匹配效率更高，也使得原本无法实现的交易在数字技术平台得以实现（丁志帆，2020）。

6.2 农业数字资源的经济学分析

6.2.1 农业生产经营中的应用

随着移动网络技术、云计算技术以及大数据等前沿科技在农业生产经营和管理服务中的普及应用，农业资源开发利用的效率达到了空前水平，农业能耗和成本大大降低，农业生态环境得到了更好保护，达到了农业系统的整体最优，农业产业链条、产业过程等实现智能化、信息化，是农业生产发展的较高级阶段。

根据我国数字农业的发展情况，未来的发展走向必然是集合各种前沿技术于一体，将多项前沿技术与农业生产、经营、管理、服务等进行深度融合，形成一个最优化的农业生产经营流程，为我国乃至全世界的农业变革注入强劲的动力（胡青，2019）。

农业生产全流程智能化将逐步成为现实。将物联网技术应用到现代农业生产设施设备领域（胡青，2019），可极大地提高现代农业生产设施设备的数字化、智能化水平，实现对农业生产完整过程的数字化控制，智能化地处理农业生产经营和管理服务过程遇到的一系列问题（陈挚，2019）。在种植业方面，如何精准控制育苗、播种、施肥、灌溉、病虫害防治等生产环节是重点。目前，荷兰、日本、以色列等国通过运用大数据、人工智能等新一代信息技术驱动农作物种植向数字化、精准化、智能化方向发展。以荷兰的智能分苗系统为例，该系统从育苗到移植到田间可以实现“零人工干预”，对病苗进行智能识别、自动剔除。与之相配合的智能灌溉系统则可针对作物种类、作物生长环节提供差异化的定制施肥、用水方案。从实践效果来看，荷兰农业生产效率比欧洲平均水平高5倍。日本农企凭借其先进的传感技术和远程控制技术，构建出了个性化“网上农场”运营模式，用户能够基于远程控制系统实现对自有农产品生产的精准化控制，且能够保证拥有较高的农产品产出效率（胡青，2019；裴长洪，倪江飞，李越，2018）。以色列农企运用AKOL（agriculture knowledge on-line）系统将传感器安装在树干、藤蔓、农田之中，通过对温度、湿度、微生物数量等数据进行分析，调控农民的种植行为，实现全面科学种植（胡青，2019；裴长洪，倪江飞，李越，2018）。

在养殖业方面，对畜牧品种、饲料使用、生长环境、疾病防控等生产环节的管控是重点。从我国农业生产智能化的发展情况看，除了传统养殖企业向智能化方向转型升级之外，具有技术优势、市场优势的大型互联网企业也纷纷加快智能养殖领域的布局。例如，阿里云依托ET农业大脑与四川特驱集团、德康集团等传统农企合作，将人工智能、物联网技术运用到生猪饲养环节，运用深度学习、神经网络等算法，对母猪生长情况、猪场管理情况进行实时分析，提供管理优化解决方案。再如，京东与农信互联等企业合作，实现了300万头母猪联网，在“数据＋算法”模式的作用下减少人工成本、降低饲料使用量，提高猪场的生产效率（胡青，2019；裴长洪，倪江飞，李越，2018）。

6.2.2　农产品销售中的应用

电子商务的快速发展为农产品流通提供了新的平台和基础。如美国著名的生鲜电商Local Harvest就是整合有机农业上下游，连接中小型农场和消费者的平台。该平台在收集相关农场基本信息的基础上，以地图检索系统为支撑，方便消费者查寻本地社区附近的农场，购买蔬菜、禽蛋等不易保存的生鲜农产品，在快速物流系统的配合下，农产品可以配送到消费者住所，极大提高了农产品物流的效率和质量。在日本，农业电子商务形态呈现多元化发展趋势，常见形态包括大型综合网上交易市场、农产品电子交易所、农产品网上商店等。在日本网络市场中实力位居第一的乐天市场是一个大型综合网上交易市场。乐天市场采取在线购买、出售、拍卖等方式进行水产品、肉类、蔬菜、面类、大米等众多商品交易。在农产品电子交易所，各类农产品信息公开，价格透明，交易双方可通过互联网实现实时交易（胡青，2019）。此外，农产品网上商店则通过和生产者直接签订进货合同，节约了成本，降低了价格，且保证了农产品的新鲜（陈生萍，2008）。从未来发展趋势看，包括采购、仓储、包装、物流、运输、配送、售后等服务在内的农产品供应链将得到进一步整合，这既能有效缓解农产品进城“最初一公里”难题，为分散小农户走进大市场拓宽渠道，打通“从农田到餐桌”的农产品供给链，也能较好解决工业品、消费品下乡“最后一公里”难题，促进农村消费升级。同时，未来农村电商更多地关注品牌化、差异化、小众化和个性化的问题，这也将有利于催生新业态、新模式，推动农村产业逐渐向多元化发展（陈挚，2019）。如创意农业、分享农业、众筹农业、休闲农业、乡村旅游等新业态，通过电商平台将特色农产品、乡村文化、乡村景色进行展示，不仅让城市消费者更了解农业、更向往农村、更信任农业生产者（陈挚，2019），缩小城乡差距，还能促进农民就业增收（荆文君，孙宝文，2019）。

6.2.3 农业多元化公共服务的应用

通过将移动互联网、云计算、大数据等现代高新前沿技术应用到农业公共服务当中，进一步提高现代农业服务的便捷性和灵活程度，让农民感受到各种生产、生活信息服务是全球数字农业发展的重要趋势。一些国家为推动数字农业发展，在农业信息化和农业公共服务等方面做了大量工作。以美国为例，美国政府于20世纪90年代就开始了对农业信息网络的建设，年均用于农业技术推广和在线应用等方面的投入高达10亿美元以上，美国农村高速网络得到了快速地普及。经过一段时间的农业数据资源积累，美国政府通过吸纳社会力量参与，建立了涉农信息数据中心，收集了大量的涉农数据资源，为美国后期农业信息化发展奠定了重要基础。在信息资源管理方面，美国构建了一套包括信息资源采集、发布、应用等多个方面的立法管理系统。同时，还构建了农业信息资源监督机构，通过多种途径维护农业信息资源的真实性、有效性，切实保障广大信息资源权益者的合法权益，大大提高了信息资源共享的效率，信息资源效能得到了很好的发挥。在农业信息化建设方面，美国采取的是政府投入与资本市场运营相结合的模式，投资的领域涉及农业信息技术的应用、网络建设以及农业信息资源开发利用等诸多方面。法国政府则倾力于构建一套包括高新技术研发、商业市场咨询、法律政策保证、互联网数据应用等多方面的现代农业发展体系，以此来不断地提高广大农民信息共享和利用的便捷性，农民可通过网络及时了解市场行情，及时根据市场信息调整产品类别与产量，实现效率最大化的目的（胡青，2019；杨新铭，2017）。不仅如此，法国还有一些农业合作组织和私人企业为农民提供“订制化”的农业信息化服务，进一步提高了农业生产效率。从我国的发展情况看，2016 年，农业部发布《“十三五”全国农业农村信息化发展规划》；2019 年，中共中央办公厅、国务院办公厅印发《数字乡村发展战略纲要》；2020 年，中国数字乡村建设加快推进，国家有关部门发布《数字农业农村发展规划（2019—2025 年）》《2020 年数字乡村发展工作要点》《关于开展国家数字乡村试点工作的通知》；2021 年中央 1 号文件《中共中央 国务院关于全面推进乡村振兴加快农业农村现代化的意见》，提出实施数字乡村建设发展工程。这些文件的发布和实施，加快了中国乡村信息基础设施建设、推动了农村数字经济的快速发展、强化了农业农村科技创新供给、推进了智慧绿色乡村建设、繁荣发展了乡村网络文化、推进了乡村治理能力现代化、深化了信息惠民服务、激发了乡村振兴内生动力、推动了网络扶贫向纵深发展、统筹推动了城乡信息化融合发展等重点任务（胡青，2019）。

6.3 农业数字资源生产成本效益的主要分析方法

6.3.1 条件价值法

国外对无形效益的公共物品进行价值评估的方法主要采取的方式包括科学设计调查问卷（韩哲英，王立海，陈红，2007）；利用问卷调查受访者在假设性市场里的经济行为，由此获得消费者对无形公共商品或服务的支付意愿（向延平，2010），并借此估算和计量该无形公共商品或服务的价值，该方法称为条件价值法（contingent valuation method，简称 CVM），也被称为权变估值法、调查评价法或意愿价值评估法（汪徽志，曹强，袁顺波，2011）。

6.3.2 消费者剩余法

消费者剩余（consumer surplus，简称 CS）的概念，是纽约大学教授马歇尔在《经济学原理》一书中提出来的，是指为获得一种商品或服务，消费者实际为之付出的价钱与消费者心目中对该商品或服务赋予的市场价格之间的差值（阿尔弗雷德·马歇尔，2012）。简单地说，就是买者卖者都希望从市场活动中获得收益。利用消费者剩余方法评估农业数字资源文献服务的效益，关键在于如何确定市场替代品及其价值，市场替代品的价格就是农业数字资源相应服务的价值。目前，国外农业数字资源在确定市场替代品及其价值时是以当年该购买农业数字资源文献的平均价格为依据（Aabo S.，2010）

6.4 农业数字资源与消费者的经济学分析

在经济学中，使用或者需求被看成消费者对应于可能的价格而就需求量制定的一项计划，其中价格于需求量之间满足需求规律。同时，家庭是商品或服务的需求者和生产要素的提供者，通过出卖要素以获得收入，并在收入约束条件下选择消费商品或者服务，以实现自身利益最大化。

在选择农业资源过程中，消费者经常会面临一些行为选择问题，需要作出理性的决策，使得效益最大化。多数消费者都具有这种效益最大化的内在倾向，但就行为选择过程来看，其依据往往是一些感性的认识和判断，因此，行为选择的过程一般缺乏一种标准，过程与结果之间容易发生前后矛盾，效益最大化的内在要求难以实现。本节将从经济学角度利用无差异曲线来分析农业数字资源消费行为（王亚娟，2004）。

6.4.1 序数效用论

消费决策受多种因素的影响，最终的消费行为归结为农产品消费者对各种选择的效用分析与比较。效用是农业资源消费行为理论的基础，西方经济学家认为“效用”是人的一种心理感受，而不是商品本身存在的有用性。效用与有用性或商品的使用价值具有不同的含义，前者是主观感受，而后者是客观存在的。由于消费者对商品使用价值的主观评价不同，消费者从商品的消费中得到的满足程度也就是效用不同。不同的人从同一个商品中得到的效用不同，同一个人在不同的时间从同一个商品中得到的满足程度亦不同。

利用无差异曲线研究农业数字资源消费的前提是序数效用论，即商品的效用是无法具体衡量的，只能用顺序或等级来表示。因此，用消费者偏好的概念，取代基数效用论的关于效用的大小可以用“效用单位”表示的说法。消费者对于各种不同的商品组合的偏好程度是有差别的，这种偏好程度的差别决定了不同商品组合的效用的先后顺序（王亚娟，2004）。

6.4.2 无差异曲线在农业资源消费行为中运用

1. 无差异曲线概念

我们用无差异曲线来分析消费者对数字农业产品消费情况分析，无差异曲线是指消费者根据自己的意愿对其所消费的可能商品组合所进行的喜好顺序的排列。可以理解为对这些商品的嗜好超过其他商品，即用喜好程度的排列来代替效用单位的叠加。偏好是消费者的一种心理状态，往往取决于一些非经济因素，为了分析的方便我们一般假定偏好的、既定的，即偏好与消费者的支付能力无关。

为便于理解无差异如何影响农业资源消费行为，通常偏好 3 个假设。

（1）完备性。消费者总是可以明确排列自己对不同商品组合的偏好程度。

（2）传递性。消费者的消费行为逻辑保持一致，对于商品的组合来说，若有 $A>B$，$B>C$，则必有 $A>C$。

（3）不饱和性。是指消费者的欲望是无限的，他们认为任何物品都是越多越好，多的总比少的好。

2. 无差异曲线基本特征

无差异曲线是一条向右下方倾斜、凸向原点且斜率为负的线，无差异曲线上某一点的边际替代率就是无差异曲线在该点的斜率的绝对值。因此，为实现同样的满足程度，一个农业产品消费的增加，必然是另外一种农业产品消费的减少。边际替代率递减决定了曲线的凸性（图 6-2）。

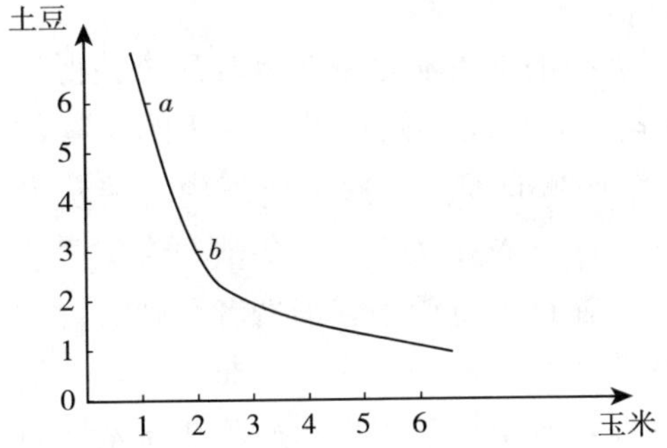

图 6-2　边际替代率递减

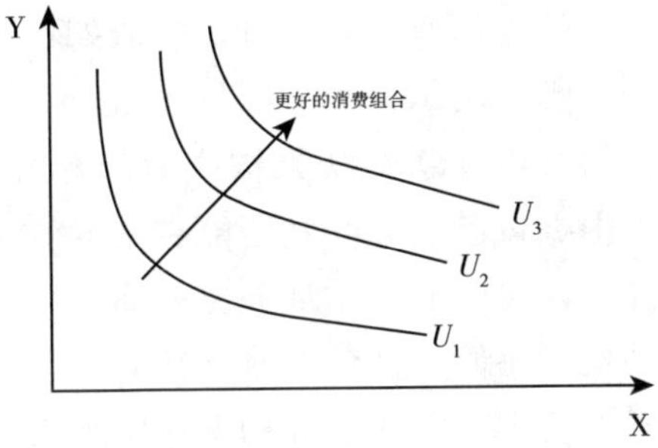

图 6-3　无差异曲线偏好效用

在维持效用水平不变的前提下，随着一种商品的消费数量的连续增加，消费者为得到每一单位的这种商品所需放弃的另一种商品的数量递减（王明彦，2007）。这就是无差异曲线凸向原点的原因。如图 6-2 所示，从 a 点到 b 点，土豆比较稀缺，玉米比较富余，于是从 a 点到 b 点为了得到少量的玉米宁愿放弃大量的土豆。

同一个平面上可以有无数条不相交的无差异曲线，离原点越远的无差异曲线代表的农业产品组合量越大，满足程度越高。图 6-3 中的三条曲线的偏好效用关系可以表示为 $U_3>U_2>U_1$。这种曲线表示消费者在一定的偏好、一定的技术和资源条件下选择商品时，对不同组合商品的满足程度是没有区别的。这时消费者对商品消费的选择，只有先后次序问题，没有大小问题（王亚娟，2004）。

3. 约束预算线

消费者预算约束线，它表示在收入和商品价格既定的条件下，消费者用全部收入所能买到的各种商品的不同数量组合。

在消费者的收入和商品价格既定情况下，预算约束线向右下方倾斜（张洪豪，2007）。在 AB 这条预算约束线上给出了消费者在既定的收入下可购买的两种商品的最大数量组合（图 6－4）。

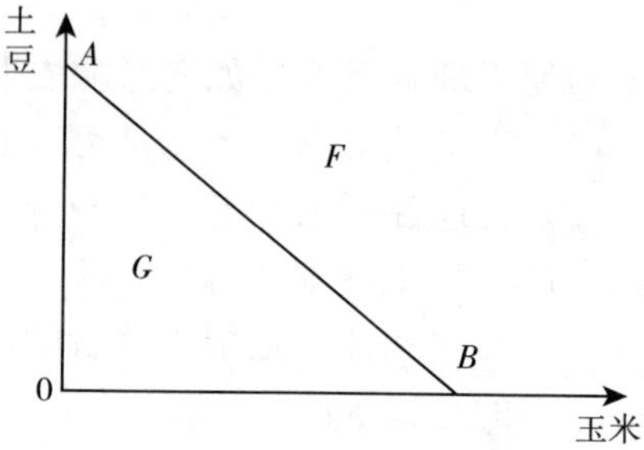

图 6－4　约束预算线

4. 无差异曲线和收入预算约束线组合分析

为了确定消费者消费农业数字资源的最优数量组合，作为理性的消费者想在既定的收入下寻求最大化的效用满足。我们用无差异曲线和预算约束线来分析消费者实现最大化效用的变动情况（许进杰，2013）。

（1）消费均衡点分析。假如农业数字资源消费者从全部收入分配中获得效用，则可用函数 $U_{总}=U$，U 总表示消费者的总效用。两种农业资源的所有数量组合点（Q_1，Q_2）构成消费者可选择的消费范围，在这个范围内，消费者可根据自己的偏好及所能带来的效用进行排序。农业数字资源的消费者试图选择使得自己的效用最大化的商品数量组合。在这个过程中，消费者受到高效用动机的驱使，又受到收入预算约束线的制约，在无数条的无差异曲线中，消费者不得不在收入预算约束线限定内进行选择，故最终消费者均衡落在无差异曲线和收入预算约束线上（崔媛媛，2006）。

如图 6－5 所示，既定的预算线 I 与无差异曲线 U_2 相切于 E 点，E 点是消费者均衡点。在均衡点 E 上，消费者关于农业资源 1 和农业资源 2 的最优购

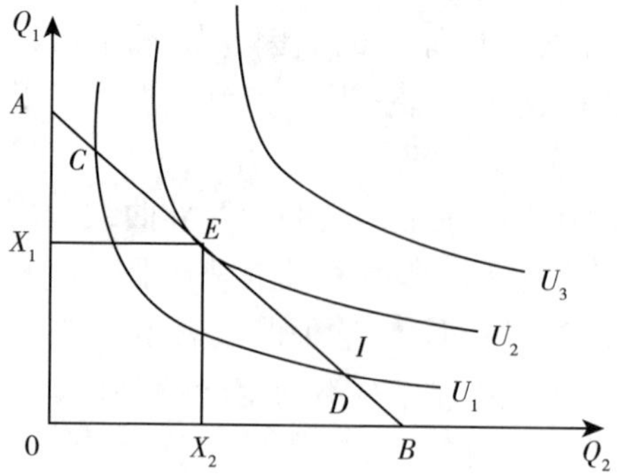

图 6－5　无差异曲线和收入预算约束线（1）

买数量的组合为（X_1，X_2）（王亚娟，2004）。农业资源商品消费组合中，在收入预算约束线I上，消费者将会花费所有收入。不同的农业资源数量消费组合所产生的效用是不同的。无差异曲线U_1与约束线I的两个交点C和D，在I线上CD之间的任何一个农业资源消费组合的效用都比U_1上的效用高。U_3无差异曲线和I线没有交点或相切，说明消费者没有能力消费这个组合的农业数字资源。所以在无差异曲线和收入预算约束线相切时，消费者最大效用的愿望才能满足（吴丽霞，2003）。

（2）变动分析。上面是在农业资源消费者的收入不变和两种农业资源的价格既定的情况下，分析消费者消费的最佳效用选择。下面我们来看看当收入和价格都变化的消费情况。

如图6-6所示，以0为原点，横轴表示消费者花在农业资源1的收入用P_X表示，纵轴表示消费者所花在农业资源1的收入用P_Y表示，消费者收入约束线为：$P_{总}=P_Y+P_X$。AB、BD和AC分别表示消费者的收入预算约束线，U_1和U_2表示农业资源消费。

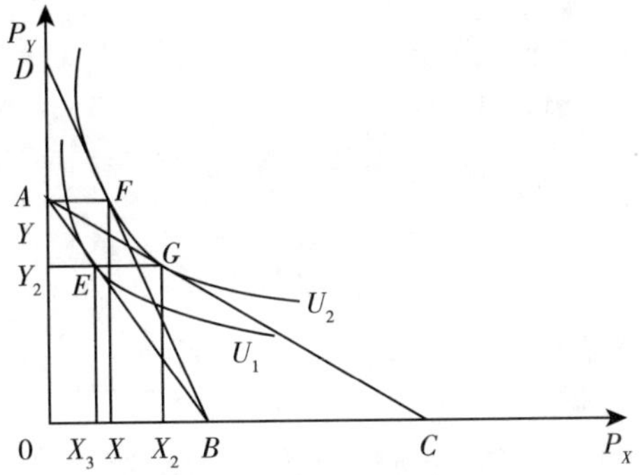

图6-6　无差异曲线与收入预算约束线（2）

假设在农业资源消费者的收入最大能支撑的商品消费，此时消费者的效用曲线为U_2.效用最大化在G点（X_2，Y_2）（张小霞，于泠，2006）。G点表示消费者花在农业资源1的收入为Y_2，花在农业资源2的收入为Y_1，消费者认为这样的消费组合能实现效用最大化的愿望，此时，在U_2的水平上G点实现效用的最大化。

现在农业资源2价格上升，消费者总体的效用期望下降，即消费者对农业数字资源带来的效用在同样收入投入下，总效用从U_2下降到U_1。

由于总体效用下降到U_1，此时，无差异曲线U_1和收入预算线有两个交点，但是没有实现消费者效用的最大化，理性的农业数字资源消费者为了获得新最大效用，他们会重新分配投入农业数字资源的收入，在U_1水平上实现效用的最大化。其收入预算约束线会从 AC 变到 AB，形成新的最大效用点，如 E（X_2，Y_2）点，此时在新的收入约束线上，花在农业数字资源 1 的收入没有变化，而花在农业资源 2 的收入变少，$X_3 < X_2$。

现实生活中，部分农业资源消费者想使总体效用回到 U_2 水平，于是他们通过重新整合分配资源，此时收入预算约束线将从 AB 变到 BD，实现了 U_1 水平上的效用最大化，F（X_1，Y_1）点。

由以上分析，无差异曲线是消费者消费农业数字资源决策的有效方法之一，在消费偏好、收入和农业资源价格既定下，消费者想要获得效用最大化，对两种农业数字资源消费组合选择应该在无差异曲线和收入预算约束线相切的点。

第七章　农业数字资源安全与监管

7.1　农业数字资源安全面临的挑战

近年，由于信息技术及互联网的迅速发展，网络安全问题频发，社会各界对网络安全的关注度越来越高，从身份信息等各种私人信息的保护到公共信息安全如各类知识产权的维护，人们的网络安全意识也逐渐加强。在农业方面，随着基因技术、信息技术、全球定位系统、农学、生态学、植物生理学等领域的发展，我国农业信息化、数字化发展水平全面提升，农业数字资源有了极大提高，为农业数字经济奠定了坚实的基础。然而，在这些过程中，农业数字资源的安全都有可能受到威胁（黄海龙，朱伊平，乔婉霞，等，2020）。

7.1.1　作物种质资源与育种资源数据的安全

据统计，我国保存资源总量突破52万份，位居世界第二。这些丰富的种质资源，为我国农业及生态的可持续发展奠定了坚实的基础。种质资源也被称为农业中的芯片，对于农业的发展具有非常重要的价值和意义（王克柱，高乐全，刘顺伶，2011）。据统计，迄今为止，全世界随着种质资源的数字化，种质资源的保护也面临越来越大的挑战，主要体现在三个方面：一是面临数字化种质资源的消失和损坏，二是数字化种质资源被非法使用，三是数字化的种质资源有可能遗失或被黑客盗取。

为了规范数字农业种质资源数据处理活动，保障数据安全，促进数据开发及利用，国家应建立农业数字化种质资源保护制度，确保数据的安全（陆福兴，2016）。

7.1.2　土地等国土信息资源安全

当前，随着遥感、地理信息系统、全球定位系统、计算机技术、通信和网络技术、自动化技术等高新技术与地理学、农学、生态学、植物生理学、土壤学等基础学科有机结合，土地、水源、生态、环境信息都有效地进行了数字化（毛竞，关欣，李巧云，2007）。这一数字化的过程推动了农业现代化的发展，但这些数字化的信息资源也面临着巨大的安全问题。主要体现在这些信息数据化后应如何保护其安全问题。这些信息涉及国家的安全问题，需要建立相关的安全技术及制度来保障其安全，以防被黑客和敌对势力所窃取。

7.1.3 农产品消费者数据安全

作为农产品消费者，在数字化的世界里，在购买及消费农产品的过程中，存在以下数据安全问题。

（1）基本信息数据安全。在购买农产品的过程中，消费者会根据服务商要求提交包括姓名、性别、年龄、身份证号码、电话号码、电子邮件地址及家庭住址等个人基本信息，有时甚至包括婚姻、信仰、职业、工作单位、收入等相对隐私的个人基本信息（农忠海，刘向荣，2019）。

（2）设备信息。主要是指消费者所使用的各种计算机终端设备（包括移动和固定终端）的基本信息，如位置信息、Wi－Fi 列表信息、Mac 地址、CPU 信息、内存信息、SD 卡信息、操作系统版本等（农忠海，刘向荣，2019）。

（3）账户信息。主要包括网银账号、第三方支付账号，社交账号和重要邮箱账号等（农忠海，刘向荣，2019）。此外，近年兴起的农产品直播活动可能还涉及很多通讯录、通话记录、短信记录、聊天记录、个人视频、个人照片、精确位置、好友、家庭成员、单位、上网时间、上网地点、搜寻记录、聊天交友、购物等信息。这些信息数据安全都面临着极大挑战。

7.2 农业数字资源监管

农业数字资源作为一种农业知识产权，是属于国家、农业农村部的核心资产，确保农业数字资源安全是每个人义不容辞的责任，保证数字资源不被非法获取、传播和利用，也是国家政府部门应该维护的。实现农业数字资源的监管可以从以下几个方面进行。

7.2.1 健全农业数据安全监管体系

（1）建立数据分类分级保护制度。因为农业科技信息方面的数据量较为庞大，传统的方式很难对其进行及时的筛选，无法保证数据在黄金时期中得到有效合理的利用和推广。这时便需要引入新式的数据整理归纳方式，由于当今社会正处在“云时代”的浪潮之下，现在云计算已较为发达，它可以根据事先安排好的算法进行关键词的提炼、筛选。并且会根据文件的重要程度进行统一分类。只有拥有相关电子凭证的人才能够进行访问。举一个例子，拥有 S 级访问权限的人可以查看所有机密文件资料；拥有 A 级访问权限的人只能查询部分机密资料，查询功能受到一定限度的控制；拥有 B 级权限的人只能查看公开资料，无法对机密文件进行浏览。通过这样分级设置，可以有效地保护文件的安全性，防止被别有用心的人所利用。同时，还需要对数据内容建立健全专项的数据库进行存放，数据库的安全性较高，相关负责人可以随时对文件的权限进行调整，也可以将某些权限从别人手中收回。比如，针对某些离职人员，负责人可以及时使用数据库对数据进行更新，然后对离职人员的信息进行删除，以实现权限回收的效果。通过这样的方式可以有效地避免离职后的人员使用之前的权限盗取网络内部机密信息，实施犯罪的行为（房宝祥，2020）。通过建立数据分类分级保护制度，根据数据在农业发展中的重要程度，以及一旦遭到篡改、破坏、泄露或者非法获取、非法利用，对国家安全、公共利益或者公民、组织合法权益造成的危害程度，对数据实行分类分级保护，确定重要数据目录，加强对重要数据的保护。农业农村部按照数据分类分级保护制度确定重要数据目录后，各地区农业农村局对列入目录的数据要进行重点保护。

（2）建立数据安全审查制度。

首先，将数据安全纳入总体国家安全范畴，明确我国数据治理的顶层设计，将数据安全工作的决策和统筹协调机构升格为中央国家安全领导机构。从监管部门对外界管控以及机构内部人员管理两方面入手。

其次，沿袭我国网络监管的基本格局，明确了“一轴两翼”的数据监管体系。“一轴”指国家网信部门，负责统筹协调网络数据安全和相关监管工作；“两翼”指行业主管部门（如工信部、人民银行、卫健委等）和国家公安或安全部门，分别从不同角度监管数据安全。对影响或者可能影响国家安全的数据活动进行国家安全审查。

再次，加强政府部门对知识产权侵权行为的监管力度。由于数字资源的知识产权侵权行为发生较为隐蔽，且网络环境下的数字资源数量庞大，这为政府的监管带来了难度，同时也容易造成监管部门及相应人员的责任懈怠，产生“监管不监管都一样”的心态。因此，一方面需要从技术角度与专利信息资源管理的角度，利用数据挖掘与区块链技术对数字资源知识产权进行比对与存储，建立数字资源的知识产权库以监测侵权行为发生；另一方面要落实监管部分的责任，实行“不作为即下岗”制度，加强对侵权行为的监管力度。

（3）建立数据隐私保护制度。平日的数据采集工作，不仅是要收集农业科技技术以及新型设备等相关信息，还包括一些关于国家安全以及个人安全的信息，这些信息若造成泄露，被暴力破解，会造成不可挽回的损失，因此，需要针对数据进行安全性维护，利用先进的科学技术形式清除存在于系统中的安全漏洞，保证数据能够正常地、合理合法地进行利用。同时还需要完善相关法律法规，对于恶意盗取数据、贩卖非法信息获利、危害信息健康的行为做出相应的处罚措施，确保数据库中的信息安全。在平日的安全检测过程中，相关部门可以根据情况公布一些不含隐私的数据，请社会以及人民对其进行监督，发现情况及时进行汇报，然后采取相应的措施改善（房宝祥，2020）。

其次，为了增强数据的保密性，需要建立外来者访问安全管理制度。通过一些加密手段，使得数据的获取需要更多权限，也通过权限分级分类，让需要使用数据的人群根据各自情况获得不同的权限，尽可能保障外来者既能方便快捷地使用相关数据，又能保障数据的安全性。外来者分为两种，一种是完全的外来者，主要指受到邀请进入数据库查询的人员；另一种是半外来人员，如临时工作人员或者软硬件维护人员等。这些人访问数据资料信息库的行为具有巨大隐患。应邀进入数据库查询数据的人通常使用内部人员的身份信息进入数据库，在没有经历过安全培训的情况下，应邀进入数据库查询数据的人员很可能会对数据造成损害，或进入没有权限的领域。而且，临时工作人员或软件、硬件维护人员一般都不与数据信息管理部门存在正式关系，不存在保密协议，也没有经历过培训，因此在数据信息泄露上存在巨大的风险。对于这样的情况，数据信息管理部门通常会采取如下措施保护数据信息资源的安全。第一，在外来者访问数据库时，需要有内部人员在一旁监督，防止对数据进行破坏或进入保密区域，且内部工作人员需要肩负起防止外来者拷贝数字资源的责任；第二，限定外来者的网络活动范围，防止其进入核心区域；第三，当外来者工作结束后，立即回收其具备权限的物品。

7.2.2 建设农田监测监管服务体系

农田分布"一张图"、数据"一张表"、利用监测"一张网"的研发与应用，为国家主管部门提供农田建设项目管理、上图入库、合规审核、重叠分析、监测监管等信息服务。作为陕西省高标准农田建设重点业务单位，陕西省土地工程建设集团在治沟造地、坮塬整治等高标准农田工程建设方面具有核心技术优势。依托耕地保护与质量提升创新中心，双方正在加快推进高标准农田建设与监管科技创新，构建"天空地"一体化的高标准农田智能监测监管技术支撑体系，支撑项目工程建设、耕地质量和粮食产能提升等情况的量化评价，服务高标准农田建设项目全程动态监管，提供不同地域高标准农田建设与监管解决方案。

7.2.3 建设农产品追溯监管体系

以农产品质量安全监管为基础，以目标农产品的追溯信息作为纽带，构建精准监管方案。其中，采集的信息主要包括农产品信息（农产品名称、类别、生产企业、包装日期等）、企业信息（企业的基本情况、管理条件、产地环境、地域分布、生产技术等）、生产信息（农产品的种植日期、施肥情况、施药情况、采收时间等）、检测信息（环境检测、农药残留检测、微生物检测等）和监管信息（监管单位、监管人员、执行日期、监管任务、监管依据、工作轨迹等）。通过这一过程，确保食物安全（宋英卓，吴晓明，钱建平，等，2020）。

7.2.4　完善农业数字资源知识产权保护法律制度

我国地理标志、植物新品种、农业生物遗传资源等新型农业知识产权的保护制度起步晚，有待完善，传统知识型农业知识产权保护尚未建立专门制度，目前只能借助其他保护制度，如非物质文化遗产、中国重要农业文化遗产、中华老字号等保护制度（孙志国，刘红，刘之杨，等，2018）。除此之外，目前我国知识产权保护法中对于农业数字资源的知识产权保护也有所不足，入侵者通过打法律的“擦边球”来规避侵犯数字资源知识产权所带来的风险，这无疑会形成侵犯知识产权的“破窗效应”。因此，完善农业数字资源的知识产权保护法律成为当务之急，一方面应明确侵犯农业数字资源知识产权的具体行为有哪些，严堵法律的灰色地带；另一方面应加大对侵权行为的惩罚措施，通过增加侵权者的隐性成本，达到减少侵权行为发生的目的。

数字资源的知识产权保护问题集中于购买方具备数字产权的复制权及合理使用的权利，但并不具备其所有权。对于知识产权的保护不仅是对智力成果生产者享有其相关利益的保护；知识作为社会劳动生产的要素及成果，知识产权的保护更是对社会财产的保护，也是知识生产者进行成果生产的重要驱动力。有关学者认为数字资源的知识产权保护所面临的问题主要为以下四类：复制权与长期保存的冲突、网络传播权与公共服务的冲突、版权技术保护与管理储存的冲突、数字资源长期保存过程中其他著作权的冲突问题。因此，要针对不同类型的侵犯农业数字资源知识产权的行为制定不同的惩罚措施（王宇，2017）。

网络犯罪是一种违法行为，但是在农业网络方面，针对技术或者资料进行窃取的行为，没有确切的处理措施，目前的法律所含括的较为笼统，不是十分细致，需要进行改进。可以细化到损坏农业科技文件档案所处罚的具体金额以及是否涉及刑法，都需要有明确的界定。这样便可以在农业科技信息方面对其进行有效的保护。即便数据受到了黑客攻击、数据被非法使用或传播，也能够通过法律渠道进行诉讼，挽回一部分损失。同时，制定明确的法律法规也有利于农业技术今后能够健康地进行发展，避免出现因为数据被盗或受损从而阻碍农业技术更新换代的情况（房宝祥，2020）。通过制定法律法规，规范人们的行为，防止属于国家的农业数字资源不被非法获取和利用。

各地区农村应根据农业数字资源的安全要求，制定机房、服务器与磁盘阵列等设备的安全管理制度和网络安全管理办法。要明确职责，加强内部管理。制定数据及加密管理、技术资料管理、口令保密等制度和应急处理措施，确保安全，减少损失；制定网络操作使用规程（包括网络系统管理人员、数据维护人员等管理制度）和完整的人员分工管理制度。系统管理人员除要深入了解系统功能、做好数据的定时更新与维护外，还应经过严格的培训及考核，熟知所有数字资源数据库、服务器系统功能，掌握确保数据安全的方法，了解机器设备的管理、规章制度和安全等方面的知识，在实际工作中严格遵守操作规程。

对于履行数据安全监管职责的国家工作人员，若他们玩忽职守、滥用职权、徇私舞弊，尚不构成犯罪的，依法给予处分（王冰清，2011）。有法律的约束，这些工作人员才能重视数据资源，更努力地保护数字资源。

对于普通民众和相关企业来说，要依照法律，积极配合国家部门进行数据的收集、整理，拒不配合数据调取的，由有关主管部门责令改正，给予警告，并处一定金额的罚款；要尊重、保护知识产权。例如，当前《数据安全法（草案）》中提到的一些法律准则：有关主管部门在履行数据安全监管职责中，发现数据处理活动存在较大安全风险的，可以按照规定的权限和程序对有关组织和个人进行约谈。有关组织和个人应当按照要求采取措施，进行整改，消除隐患。开展涉及国家秘密的数据处理活动，适用《中华人民共和国保守国家秘密法》等法律、行政法规的规定。开展涉及个人信息的数据处理活动，应当遵守个人信息保护法律、行政法规的规定。

为了解决农业数字资源安全的问题，除了政府各个机构要进行监管外，还要通过宣传和引导的方式让农民群众认识到农业数字资源的重要性。不只是农业数字资源，对于其他类型的数字资源，也需要政府相关部门根据各自的职责，组织增强数据资源安全意识的各类活动，让广大人民群众认识到数字资源的重要性，有意识的保护我国的数字资源安全。我国所有公民都需要培养这种安全意识。坚持保障农业数字资源安全和促进农业数字资源开发利用并重，推进农业数字资源基础设施建设，发挥农民群体对农业知识产权保护的主体积极性，鼓励和支持农业数字资源在各行业、各领域的创新应用。政府通过采取以上措施，才能保障农业数字资源的安全和健康发展（周泽宇，2004）。

7.3 农业数字资源安全与监管的对策及建议

7.3.1 政府应加快推进立法保护

在政府方面，应通过法制建设，完善政府数据治理规范，保护农业数字资源及公民个人、社会组织隐私，建立满足数据安全标准的工作机制。农业数字资源保护是一个重要的法律命题，当前很多国家都意识到了其重要性，开始对其进行立法保护，我国也应加快这一进程，更好地保护农业数字资源。

个人信息保护是另一个重要的法律命题。各个国家都在持续地制定和修改相关立法，完善个人信息保护的规则，维护个人信息主体的权利，并对数据的权属、数据的利用规则以及数据各方主体之间的权利配置问题持续探讨。截至目前，全球共有 100 多个国家和地区制定了专门的个人信息保护法，确立了包括个人信息收集和使用、跨境传输、登记注册以及泄露通知等基本制度。随着互联网的迅猛发展，个人信息收集以及利用的场景和方式都发生了巨大的变化，传统的个人信息保护的相关规则正在面临着挑战和变革。数字经济时代的分享经济等新型商业模式、经营方式也与传统产业有很大不同，传统的治理模式已不再适应新兴经济态势的发展。法律法规政策的制定不能削足适履，硬性要求新事物符合旧事物的政策框架，而是需要因时制宜地调整或者制定新的监管政策。既要做到数据安全保护，又要促进数字经济发展，为数字经济营造开放包容的发展环境。因此，当前制定个人信息保护法要结合数字经济的发展特点：一方面，制度设计要兼顾个人信息保护、创新与效率等价值目标；另一方面，也要充分认识到我国与发达国家在制度环境、产业发展状况等方面的差异，可部分借鉴，但不能照搬；设计制度时，要珍惜我国数字产业多年来快速发展所创造的成果，稳住节奏，推进数字产业规范发展。

7.3.2 相关新型经营主体应推进农业数字资源安全建设

（1）树立农业数字资源安全意识建设。农业数字资源是一种农业知识产权，农业知识产权，特指农业领域的知识产权保护，包括涉农专利、商标、版权，以及植物新品种、地理标志、农业生物遗传资源与传统知识等（孙志国，刘红，刘之杨，等，2018）。要实现保障农业数字资源安全，首先要做到的是让农民群体意识到农业数字资源的重要性。当他们认为这种数字资源是有价值、有意义的资源时，他们才会主动地有意识要对其进行保护。由于农村数字资源基础设施建设较为落后以及宣传工作做得不到位，村民们对农业数字资源的了解并不深入，不知道这些农业信息对于农业生产、作物培养培育的重要性，更不知道它们对于我国农业发展的重要性，因此无法很好地利用农业资源，无法创造出更大的价值。另外，由于农民群体对农业知识产权安全意识的淡薄，造成了很多风险。例如，会出现各种网络漏洞。出现网络漏洞的情况比较复杂，主要表现在以下方面：第一，在大数据时代，各种网络软件层出不穷，虽然这些网络软件在某一方面具备很强大的功能，可以满足用户的精准化信息需求。但网络软件本身也会有一些漏洞，有一些需要完善的内容。第二，在大数据时代，计算机系统处于不断完善中，具备的安全系数也越来越高。但不可否认的是，计算机系统本身还是会存在一些漏洞。非法分子攻击计算机系统本身的漏洞，也是一种窃取数字资源的途径。第三，在大数据时代，网络协议方面的漏洞也比较突出，许多数字资源安全方面的问题就是从这里产生。此外是来自病毒和木马程序的风险。具体来说，一方面，随着信息化技术的发展，计算机病毒也呈现出更“多样化”的格局，越来越多具有相当高技术含量的计算机病毒，开始威胁数字资源安全。一旦遭遇这样的病毒袭击，不仅会导致知识产权被非法传播和利用，还会导致数字资源遗失、破坏，甚至阻碍整个计算机系统的正常运行。对于企业来说，黑客利用黑客工具和技术手段，可以对信息系统进行攻击和入侵，窃取企业核心知识产权，直接影响企业运行，造成巨大经济损失；另一方面，随着数字资源的获取途径越来越多元化，有些用户很容易被一些表面现象所迷惑，比如说“钓鱼网站”。钓鱼网站的创建目的，主要就是为了迷惑用户，甚至是欺骗用户。有些网站就是借用了大数据技术，通过对原生数字资源的侵权或对合法委托代理平台的侵入，从而为用户提供对数字资源的需求以进行相关营利活动的过程，甚至会伪造一些信息资源，开展欺骗行动。

个人的信息泄露，会带来个人安全问题，而国家的信息资源泄露，则会造成多方面的重要影响。进入大数据时代，关于知识产权、数字资源的问题，无论是个人，还是国家，都要引起高度重视。在防范知识产权被窃取的过程中，不仅要从技术的角度去努力，还要从安全意识的角度去重视。对于重要的信息内容，人们要养成信息备份的习惯，还要设置一定的访问权限，在最大限度上规避信息风险。

为了有效解决以上问题，在实际的处理过程中，应该对农民的农业数字资源意识进行全方位的增强（黄海龙，朱伊平，乔婉霞，等，2020）。一方面，让农民对农业数字资源予以了解。可以通过学习和培训，让农民掌握一些关于农业数字资源的知识，并且要结合农村以及农民群体的现状，有针对性地制定一些浅显易懂的农业数字资源安全书籍以及漫画等，也可以通过在村内宣传栏大力宣扬数字农业化、农业科技化、农业自动化的内容，让农民群体对这些新名词有所了解。此外，还可以采取趣味问答等手段，进一步调动农民群体学习的积极性。另一方面，让农民对农业数字资源予以重视，在平时的村内集体活动中，可以组织相关高新技术专家通过通俗易懂的方式为村民们讲解农业数字资源的内涵、意义以及每个人能做些什么。还可以借助一些案例，让农民们意识到网络并非一片净土，在我们享受网络为我们带来便利的同时，也会出现一些问题。会有恶意攻击的人员借助各种技术手段来获取相应的权限，最终对农业数字资源的保密信息进行获取和利用，甚至还会对信息进行伪造和篡改。这些违法活动的存在，都会对人们的生产以及生活造成非常大的影响（黄海龙，朱伊平，乔婉霞，等，2020）。

对于农村干部来说，若他们自身就没有意识到数字农业化对于未来农业发展的重要意义，没有意识到要想农业生产技术取得长远发展，则需要靠农业技术的不断改进与提高，而数字农业化在其中发挥了很重要的作用。那么就无法带动村民去接受新知识、新文化。基于网络背景下，农业科技信息可以通过互联网在相关平台上进行发布，农民足不出户便可以了解到当下最新最有效率的农业生产方式或者农业生产工具。互联网可以将这些新技术和新设备更快速地进行普及，便于提高今后的农业生产效率，为我国的现代化建设以及经济发展做出贡献。由此可见，农业科技信息和发展数字农业的重要性举足轻重，对于农村相关技术人员来说，数字农业相关设备长时间使用出现故障、发生错误的情况也会比较常见。这时便需要相关人员对其进行维护以及改进。可是目前出现的现象是，部分技术人员缺乏职业操守，缺少对工作的热情和积极性。只按照上面要求对设备以及网络系统进行维护，并不自己去寻找问题的根源所在，也不对维修过程进行记录，这样便会导致问题没有真正得到解决。有些人员甚至没有相关技术资质就直接上岗进行维护了，这样维护设备和数字资源安全是不会有好效果的。如果在维护过程当中进行交接，没有清楚地交代问题，很容易出现同一个位置维修两次或者故障处没有得到维护的问题。因此需要在这方面注意一下，对员工进行规范化管理，提高他们的专业素质以及职业道德水平（房宝祥，2020）。

（2）推进农业数字资源安全生产指标建设。龙头企业、农民专业合作社、家庭农场主及个体户等相关农业经营实体，应根据国家农业数字资源保护相关法律法规，建立农业数字资源安全生产指标。“农业数字资源安全指标”主要从数据引发的公共安全、国家安全、产业安全维度出发进行构建，从立法框架、执法效能、配套规则、安全产业、企业合规以及国际合作等角度出发，建立多层次的评估指标，保障农业数字资源的安全。

（3）推进农业数字资源安全技术建设。一是要不断推进安全技术研究和发展，不断推出新的技术。只有拥有了自己的技术，过硬的技术，才能更好地为农业数字安全提供技术保障。二是要推进高素质的网络安全和信息化人才队伍建设。通过培养、培训等方式，建设一批高素质的人才。

目前，网络安全大部分都是基于 TCP/IP 安全协议下的，这个协议可以说是网络长远发展的根基。农业科技信息的重要内涵就是信息数据，但如果每个人都能够查看所有的数据，那就会存在安全隐患，随之引发的各种问题就会显现出来。目前，网络暴露出来的问题有很多，如网络密令的可视化，严重影响到了农业技术网络安全；对文件的保护也不是十分妥当，运用现代技术破解文件也只是时间的问题；系统进行联网时也可能会出现问题；除此之外，网络还会有一些未被发现的漏洞和安全隐患，同样会被利用作为入侵的突破口；系统中也有“后门”，不法分子可能会通过“后门”乘虚而入，绕过相关安全检测，直接威胁到信息的安全（房宝祥，2020）。针对解决当前存在的农业信息网络安全问题，在实际的发展过程中，还应该强化建设，从不同的层面构建网络防护体系，以便可以更好地规避网络攻击。在网络安全防护层面，可以采用门禁系统以及监控系统等手段，对各类网络设施的物理安全进行综合提升。也可以对依托于软件水印以及软件防控费等技术，确保软件可以在允许的范围内被科学且合理的应用。此外，在数据安全层面，通过磁盘阵列以及数据备份等技术，进一步增强数据的机密性以及可靠性（黄海龙，朱伊平，乔婉霞，等，2020）。

针对网络漏洞方面的风险，可以从以下几个方面加大防范力度。第一，面对层出不穷的网络软件，计算机系统不仅要提供兼容、支撑服务，还要充分发挥大数据技术的识别功能，将风险挡在外面。相关部门要加强网络安全管理，对各种网络软件实行更严格更系统化的评估机制，杜绝一些系统不完善软件的出现。第二，对于计算机系统存在的漏洞，基于大数据视角，工作人员可以进行数据采集、数据分析，形成有效的理论依据，然后用于指导系统开发。随着计算机系统的开发日趋深入，可以解锁更多功能，实现计算机系统的优化、升级，进一步修复计算机系统漏洞。第三，针对网络协议方面的漏洞，可以采用更安全的网络协议、防火墙等，给用户创造更安全的网络环境。

针对来自病毒程序方面的风险，可以从以下两个方面去加大防范力度：一方面，随着信息化技术的发展，计算机病毒的技术含量也越来越高。因此，相关工作人员要从技术的角度出发，提高计算机系统的抗攻击能力。尤其对于一些企业来说，要高度重视信息资源的安全性问题，采取更加积极的措施来应对病毒程序方面的风险。在这个过程中，企业不能只是依靠计算机系统来抵御病毒风险，还要结合大数据技术，制定安全监督管理方案。举例来说，可持续攻击载体很容易损害计算机系统，生成隐性的 APT，造成信息风险。这个时候，计算机系统是无法很好地识别这种风险的，而大数据技术可以做到这一点。大数据技术通过寻找 APT 攻击网络的痕迹，可以找到 APT 攻击源头，从根源上解决信息风险。另一方面，要提高用户辨别信息资源的能力，即使是面对一些虚假的钓鱼网站，也要提醒用户保持冷静的头脑，不要随意访问这些钓鱼网站。为了更好地规避人为操作造成的信息风险，可以通过智能数据管理，构建计算机信息安全模式，一旦出现信息风险，就会启动相应的预警机制，第一时间提醒用户。这样一来，即使面对钓鱼网站，用户也可以具备一定的抗诱惑能力。

为了进一步避免以上问题，要对系统进行安全性监测。安全性检测是非常有必要的，它可以检测网络中的漏洞以及安全隐患，减少上述问题的发生，同时也降低了黑客对于漏洞和安全隐患利用的概率。对农业科技信息使用互联网技术进行保护，首先需要搭建专门的服务器，再对农业生产技术的所有数据进行收集、分类归纳，然后创建数据库用于统一存放数以万计的数据来进行后续的推广以及改进工作。这些过程都需要大量的资金，成本非常昂贵。这只是前期运行之前所需要的资金投入，当农业技术网络投入正式使用后，后续还需要对相关设备进行维护、对系统进行升级和安全性检测，这是一个长期投资，对基层农业工作的开展也存在着一定的门槛，不容易进行推广。因此，这需要国家和当地政府大量的资金扶持（房宝祥，2020）。

应用篇

YINGYONGPIAN

第八章　国外农业数字经济发展

农业数字经济是指在农业领域利用各种数字化知识和信息为要素，以现代信息网络作为载体，以信息通信技术为重要手段而进行的经济活动（根据2016年《二十国集团数字经济发展与合作倡议》）（周衍鲁，2020）。

农业数字经济在各国有不同的发展阶段、技术方法、实践条件，所以在各国的发展也各有特色，虽然叫法不同，做法略有差异，但是方向一致，目标一样，本质相同。数字经济是20世纪末新提出的概念，是随着大数据、智能化、信息化应用才得以发展的，农业数字经济的提出是以数字经济为支撑，在最近几年才开始得以重视的，数字经济的发展为农业数字经济的发展提供了可能性。发达国家农业现代化程度高，以美国、日本、德国等为代表的国家，具有较高的信息化水平，在农业信息化发展上及农业信息技术运用等方面处于世界领先地位，所以它们的农业数字经济发展历程代表性很高。

8.1　美国——数字化、高科技推动型

国外发达国家在后农业现代化阶段，在可持续发展战略指引下，其技术手段主要是加强数字技术的推广应用。2012年，美国政府宣布了“大数据研究和发展计划”，旨在提高从大型复杂数字数据中集中提取知识和观点的能力，加快在科学与工程中的应用步伐，加强国家安全，并改变教学研究。其中在农业方面，主要是利用大数据技术开展生物工程研究。近20年来，美国已经开展了大量的精准农业和智慧农业研究，并一直处于世界领先地位（刘海启，2017）。

美国是当今世界信息技术产业的发源地，从20世纪60年代开始，美国农业信息化进程可以大致分为三个阶段：第一阶段，20世纪五六十年代的广播、电话通信信息化及科学计算阶段；第二阶段，20世纪七八十年代的计算机数据处理和知识处理信息化阶段（何迪，2017）；第三阶段，20世纪90年代至今的知识的处理、自动控制技术的开发以及网络技术的应用（祁业凤，2009；聂凤英，刘继芬，王平，等，2004）。

（1）20世纪五六十年代的广播、电话通信信息化及科学计算阶段。自从1844年莫尔斯（S. F. B. Morse）发明第一封电报起，人类就进入了电子信息

传播时代。1946 年贝尔实验室研制成功真空晶体管后，美国的无线电声音广播开始进入普及阶段。此后随着图像传递技术的发明美国的无线电声像广播得到了迅猛发展，并在农村地区得到了普及，极大地推动了美国的农业信息化进程。从 20 世纪 50 年代开始，美国的农业信息化进入广播、电话阶段。据美国农业部统计数字显示，20 世纪 50 年代，电视已基本在美国农村地区普及（聂凤英，刘继芬，王平，2004）。1954 年美国农村居民的电话普及率为 49%，到 1968 年这个数字已经达到 83%。从 1962 年开始，美国开始资助在农村建立教育电视台。

电话和声像广播在农村的普及，可以把大量的农产品市场信息和科技信息传递给农业生产者，起到促进农业科技进步和稳定农产品市场行情的作用（史婕，2010）。

②20 世纪七八十年代的计算机农业数据处理和农业数据库开发阶段。1981 年，IBM 推出了用于家庭、办公室和学校的个人计算机（PC）。此后，整个 20 世纪 80 年代个人计算机的竞争使得其价格不断下跌，个人微机的拥有量不断增加，计算机继续缩小体积，从桌上到膝上到掌上。与 IBM PC 竞争的 Apple Macintosh 系列于 1984 年推出（桑浩鑫，王雪莹，2016）。

随着个人 PC 的普及，带动了美国农业数据库及农业局域网络的建设。这个时期是美国农业信息化发展的黄金时期，计算机已经进入了数据处理和知识处理信息化阶段（何迪，2017）。

③20 世纪 90 年代至今的自动控制技术的开发以及网络技术应用阶段。20 世纪 70 年代以来美国的计算机应用逐步推广到农场范围；到 1985 年，美国已有 8%的农场主使用计算机处理农业生产，其中一些大农场则已计算机化。迄今，计算机的应用，给美国的农场管理与生产控制、科研和生产带来了高质量、高效率和高效益（史婕，2010）。

随着信息高速公路的产生与发展，农业领域的各种知识集成处理、自动化生产运用，尤其是“3S”技术，即全球定位系统（GPS）、遥感技术（RS）、地理信息系统（GIS）等人工智能系统的出现，推动了美国农业走向精准化发展道路（何迪，2017）。

美国——利用大数据打造精准农业

美国农业正在采用大数据和互联网方法提升农业生产的效率和效益，以 1%的农业人口维持庞大的农业生产体系，不仅满足美国本土需要，而且还大量出口。

罗德尼·席林（Rodney Schilling）是美国伊利诺伊州的一个农场主，他和父亲二人经营着 1 300 英亩（0.004 047 米^2）田地。他的父亲已经 83 岁了，地里的活儿全靠席林自己上阵，即便在农忙时节，他也不用雇工，最好的帮手是农场里的那几台农业机械（图 8－1）。

图 8－1　美国的农业机械

跟国内常见的农业机械比，这些机器高大得多，一台喷药机完全张开“臂膀”，翼展达 36 米。更重要的是，这些“大家伙”还很有“头脑”——驾驶室里配备的全球卫星导航系统和自动驾驶系统。即使在下田作业时，席林也远没有传统农民那么辛苦，只要他愿意，完全可以坐在驾驶座上，一边喝着咖啡，一边用平板电脑浏览新闻，机器会按照设定的路线工作，施肥、打药完全自动化，哪些地方打过，哪些地方没打，绝对不会搞混，GPS 上都显示得清清楚楚。

大多数时候，席林会把平板电脑带在身边，内置的 App 软件会提醒他何时适宜下地查看，该打药或是该施肥了，以及提供实时的和未来几天的天气数据。

在美国，像席林这样“劳作”的农场主越来越多。农业生产模式正在从机械化向信息化转变，以精准为特征的农业，正在让种植变得更加容易。

作为传统的农业大国，中国的新疆、东北等地也正吹起精准农业的微风。不过在全国范围内，庞大的、分散的小农生产方式等种种因素都让精准农业这一注定颠覆传统农业的新概念推行不易。

大数据进农田

席林对农场的土地情况了如指掌，他甚至聘请了专业服务公司，在田地中，每 4 英亩设 1 个取样点，做土壤的分析测试。完成后，席林得到一份书面报告，除了给出各个地块详细的土壤成分数据，还有种植不同作物时所需要的肥料、水分以及未来产量等数据。据此，他可以精确安排农场的生产计划。

随着种植活动，土壤的成分是动态变化的。因此，每过三年，席林会重新做一次土壤分析，每次要花费 5 000 多美元。不过，由于精确数据意味着几乎最高的投入产出比，席林还是很乐意花这笔钱的。

在席林的电脑里，安装了 Climate Corporation 的气象数据软件。他把农场的坐标和相关信息通过软件上传，即可获得农场范围内的实时天气信息，如温度、湿度、风力、雨水等，这些信息可以帮助他判断每个地块的播种、收获、耕作时间（图 8－2）。

图 8－2　正在利用电脑获取信息的美国农民

事实上，从生产规划、种植前准备、种植期管理，直到采收，席林每年要做 40 多项决策。这些决策大多环环相扣，如果哪一步选错了，那就不得不忍受减产的后果。

影响作物生长的因素有很多，土壤、气候、水分、品种、病虫害和杂草等，作物产量是这些因素的综合结果。因此，在现代农业领域，农民光凭经验做出决策已远远不够，需要依靠科学、概率和专业分析得出优化决策。

国际种业巨头们已经看到了这步棋，纷纷投入巨资，将产品研发线延伸至大数据支持下的农业决策领域。孟山都公司近两年分别以 2.5 亿美元收购 Precision Planting 公司，9.3 亿美元并购 Climate Corporation 公司。

Climate Corporation 是两名谷歌工程师在 2006 年创办，他们想通过历年的气候数据来提供更加精确的小范围气象预测。基本模式是运用遥感和其他测绘技术，将美国的土地都“描绘”下来，并在其上叠加一切可用的气候信息。然后，依靠大数据分析结果向农民出售农作物保险服务。

除此之外，另一种业巨头杜邦先锋公司也已推出类似产品，与爱科集团达成合作，将自家的农场决策服务平台与爱科设备中的数据和农场管理信息进行无缝对接，从而帮助农民提高产量和利润。

智能化农机

大数据让农民开始用移动设备管理农场，可以掌握实时的土壤湿度、环境温度和作物状况等信息，大幅度提高了管理的精确性。然而，再好的决策也需要硬件设备去实施。

其实，精准农业的概念和设想，最早由美国在20世纪80年代初提出，经10年后才进入生产应用，彼时技术和设备的储备已基本具备。

Precusion Planting专门制造与精准农业配套的设备。这些设备可以固定在大马力拖拉机后部，同步运行的播种机和其他设备上。以播种为例，经过数据加载，它们能够根据天气的变化进行不同深度、不同间距以及不同品种的播种活动。

在大田中，即使相隔两三米远的两块土地，土壤的水分含量、营养情况、农作物的生长情况都可能不相同。过去几千年中，农民并不区分这种差异，会把同样的品种以等间距播种下去。如今，精准农业颠覆了这一传统，在肥力高的地方密植，在肥力低的地方稀植，还可以更换种子品种。这些作业都是随着播种机的行进，自动完成的。仅此一项改变，即可给玉米带来每公顷300～600千克的增产。

精准农业下的农业机械必须是智能化的，通常安装有卫星导航系统、自动驾驶系统、计算机设备，以及必要的传感器，这样才能“理解”大数据分析软件给出的信息，并准确地执行。

智能化的农业机械也大大提高了作业质量，单粒播比率可以提高到99%。农民可以实时监控播种机的准确率，如果出现大面积异常，可以马上停机，检查纠正。以前，如果播种机出了毛病，农民很难立即发现，而只能接受损失。现在，智能化的农机可根据土地的松软程度，自动调节播种动作，以便所有种子处于同样的深度。

通过全流程的精打细算，精准农业可以极大地节约化肥、水、农药等投入，把各种原料的使用量控制在非常准确的程度，让农业经营像工业流程一样连续地进行，从而实现规模化经营。

（根据《大数据周刊》整理）

8.2　日本——农业信息系统建设型

日本的农业信息化是伴随着第二次世界大战后日本经济复苏而发展起来的，大体上可以分为三个阶段（何迪，2021）。

第一个阶段是20世纪五六十年代。在20世纪50年代中期，日本农林水产省在关西地区从事农业有线广播信息放送，这被视为日本农业信息化的开端。此后，到了20世纪60年代，随着广播电视技术的发展，农林水产省逐步在日本全境建立了电视广播信息播送系统（CATVS）（何迪，2017）。

第二个阶段在是20世纪70年代。在日本经济快速发展的情况下，农业发展态势与其整体经济发展形势极不相称，日本政府在充分研究的基础上，决定按照日本的自然资源与生态情况，大力推进农业信息化以带动日本农业绿色化发展（何迪，2017）。

第三个阶段是20世纪90年代。随着国际信息高速公路的建设及深入，日本农林水产省在1993年推出了农业信息技术全国联机网络（DRESS），农民可以通过电话、电脑、手机等终端及时处理各种农业信息（何迪，2017）。

日本极其注重生产式服务，即发挥单位面积土地生产效率的最大化，注重农业信息技术对农业生产的实践作用。日本大力发展具有自身特色的精准农业，注重高效农业和精准农业机械方面的研究。日本将遥感技术、全球定位系统和地理信息系统等3S信息化技术及智能机器人等智能化技术应用于新型农业机械装备，开发出多种类型的智能农业机械装备（李灯华，梁丹辉，2015）。

日本农业信息化发展过程中注重由局部到整体的信息化发展模式，突出农业市场信息系统建设，重视农业科技信息系统建设。日本农业信息服务主要由市场销售信息服务系统和“日本农协”两个系统组成。不过，遗憾的是，日本农业中的互联网技术利用比工业落后，精确农业有待于大力发展（邹源甦，2009；范凤翠，李志宏，王桂荣，等，2006）。

8.3　德国——数据库、数据模拟模型构建型

随着20世纪50年代中期至20世纪70年代德国农业广播、电话、电视等通信技术发展，并在农村地区普及，成为德国农业信息传播的初级阶段（李娟，2009；聂凤英，李志宏，王桂荣，等，2004）。

20世纪70年代中期至20世纪80年代中期，是德国计算机数据处理、建立数据存储等农业信息化技术从初级阶段走向成熟的阶段。如德国早在1976年就使用计算机计算每块地的面积、登记每块地的类型及价值。在此基础上建立了各地区、村庄、道路的信息系统。20世纪80年代中期，德国政府委托相

关研究部门建立了全德国的地区农业经济模型，后来经过不断地补充和修正成为很成熟的农业信息处理系统，为有关决策提供服务（李娟，2009）。

20世纪80年代中期至20世纪90年代初，是德国计算机数据处理、数据模拟模型技术开发走向应用的阶段。在此时期，德国在农业的数据库技术研究开发建设方面做了很多工作（李娟，2009）。如B. Hau（1985）设计了害虫管理数据库系统，用于作物害虫信息的采集、存储、查询和应用。J. Lipinski（1988）设计了农药残留数据库IN-TERPRET，科学地管理农药残留数据。G. Teubner（1989）设计了植物保护剂数据库，用于植物保护剂的数据管理和开发利用。E. moll（1990）建立了苹果害虫管理数据库，将苹果害虫的生物学特征、发生与危害、防治方法等信息科学有序的管理起来，方便查询与开发利用。D. Blumenbach（1986）研究建设植物保护文献数据库PHYTOMED，用于德文和英文文献的管理（王文生，2011）。

进入20世纪90年代，信息技术在德国得到进一步的发展，电脑广为普及。通过Internet联网，德国已拥有了发达的通信网络。20世纪90年代中期以来，国际互联网的出现使农业信息的传播发生了根本性的变化，以前大型而低效的数据存储设施被高效的计算机系统所取代。目前，德国通过各种网络的连接，可查找到各种专业研究信息、科技管理信息和经济等方面的信息（聂凤英，刘继芬，王平，等，2004）。

德国作为欧洲信息化发展的成功典型，其农业信息技术不断推广普及，农业信息网络不断扩大，农业生产、科研、教学领域大多数操作通过计算机来完成。农业信息技术正在普及并向农业全面信息化迈进。计算机自动控制、网络计算机辅助决策技术的应用、计算机模拟和模型技术、遥感技术、精确农业技术、农机管理自动化等方面都走在世界前列（马晓丽，2010；范凤翠，李志宏，王桂荣，等，2006）。

8.4 以色列——农业高度科技化型

以色列超过一半的土地为荒原和沙漠，农业发展的自然条件十分严酷，但以色列人民用自己的智慧和创造力走出了一条高科技农业发展道路。经过多年的努力，以色列在水利灌溉技术、农业自动化、机械化和信息化等技术领域已走在世界最前列。大数据的运用使以色列本就高度发达的农业实现了再一次飞跃。

以色列大力发展高科技、高收入的外向型出口农业，在水管理、数据科学、无人机和传感器等精准农业技术研究方面技术领先于世界。其精准农业利用传感器和卫星图像等技术收集数据，并运用智能算法来分析应用这些数据，为农民提供一个完整的解决方案，就像用户从计算机上购买一个软件包一样，包括灌溉以及施肥和害虫控制等多种功能。

目前，以色列许多农场开始建立互联网农业。随着微型卫星、无人机和带有长寿命电池的传感器的发展，农业正在经历数字革命，以色列许多公司正在致力于农业科技的研发，并且有较好的研究成果。如 CropX 公司开发的高级自动适应灌溉的 CropX 软件系统。在农田中安装的传感器利用装有 GPS 功能的智能手机应用程序，同步传输土壤数据，不仅能告诉农民每一块地在某一时间内所需的水、肥料和农药数量，还可以相应地自动控制灌溉。Taranis 公司设计了一个应用程序从农田传感器和卫星图像收集数据信息，并利用智能仪表集中处理传入数据，让现场侦察员帮助制定和实施有效的疾病和有害生物预防管理决策。Saturas 公司开发了廉价的微型传感器和无线转发器，嵌入商业果树的树干中，进行准确和连续的干水电位测量。以此为核心建立的精确灌溉系统在西班牙和以色列的柑橘和杏仁农场进行测试，可为农民节约 15%～20% 的用水量，并提高产量和品质。

以色列农业分工之细、各个领域研究之透彻和相互支持、高科技对农业的介入之深，都是世界领先的，正是这些因素与高素质人力的完美结合，帮助以色列实现了农业腾飞（立悟，2013）。以色列一个普通农民曾说过："90%靠用心，9%是科技，1%才是耕种"。也许，这就是以色列农业强大的正确答案。

把以色列农业称为神话并不为过。这样一组数字足以反应以色列农业的效率：番茄每公顷最高年产 500 吨，沙漠地区柑橘每公顷最高年产 80 吨；一只鸡年均产蛋量 280 个，一头奶牛年均产奶量 1 万千克；在花卉生产上，温室大棚每公顷每季度生产 300 万支玫瑰……以色列农村人口只占总人口的 9%。一个农业人员可以养活 90 人。农业出口占据全国出口总值的 9%。按照以色列的农业水准，地球可以养活 3 倍于现在的人口（黄锦明，2009）（表 8-1）。

表 8-1　美国、日本、德国农业信息化的比较

	美　国	日　本	德　国
发展基础和背景	信息化最早，是在高度发达的机械化基础上发展而来的，是综合性的信息化	信息化较晚，有较强的目的性，是在为了解决农产品流通问题而发展起来的，具有一定的片面性	信息化较晚，具有一定的目的性，是在解决农业种植领域基础上发展起来的，近些年走向综合信息化
发展路径与动力	典型的市场信息化，是生产方式、农业技术、农业市场等领域的全面信息化	来自政府推动、政府主导，由局部走向全面，但尚未完成	来自政府推动，由局部走向综合，近些年基本上完成了农业综合信息化

（续）

	美国	日本	德国
法律与政策支持	政府只提供财税、法律支持，扮演“守夜人”角色，有完善的法律保障机制	政府主导，是“计划式”的信息化，有专门的法律支持	政府推动，近些年逐步市场化，有专门的法律支持

第九章　国内农业数字经济发展

许可、杨涵均、吕振艳（2021）发表的“十四五”数字农业前瞻认为，数字农业是数字经济的重要组成部分，数字农业是以农业大数据为核心生产要素，用数字信息技术对农业对象和环境、生产、销售及经营全过程进行管理的农业新业态，是以促进产业兴旺推动乡村振兴的农村发展新模式，是推动农业农村实现数字化全产业链全周期转型的重要举措。

《中共中央关于制定国民经济和社会发展第十四个五年规划和二〇三五年远景目标的建议》明确提出，“坚定不移建设制造强国、质量强国、网络强国、数字中国”“发展数字经济，推进数字产业化和产业数字化，推动数字经济和实体经济深度融合”“推动现代服务业同先进制造业、现代农业深度融合，加快推进服务业数字化”。发展数字农业是建设数字中国、推进农业现代化，提高农业质量效益和竞争力的现实需要。数字农业的建设必将快速推进农业数字经济的发展，农业数字经济将成为我国国民经济的重要组成部分。

9.1　国内农业数字经济发展历程

9.1.1　我国农业数字经济政策发展历程

2015 年，我国开始规划数字农业的实施方案，先后出台了一系列政策文件，旨在推动农业向数字农业转型发展，以促进数字乡村和数字农业协同发展（表 9-1），数字农业发展的核心路径主要是从大力推进数字农业基础设施的建设，到数字技术的研发与推广应用，通过大数据、云计算、物联网体系和平台的建立，实现数字技术和农业生产的深度融合（钟文晶，罗必良，谢琳，2021）。

表 9-1　中国数字农业发展的相关政策文件及主要内容

时　间	政策文件及主要内容
2015 年 12 月	《农业部关于推进农业农村大数据发展的实施意见》提出的主要目标是：立足中国国情和现实需要，未来 5～10 年内实现农业数据的有序共享开放，初步完成数字农业化改造。到 2025 年，实现农业产业链、价值链、供应链的联通，大幅提升农业生产智能化、经营网络化、管理高效化、服务便捷化的能力和水平，全面建成全球农业数据调查分析系统

（续）

时 间	政策文件及主要内容
2018年1月	《中共中央 国务院关于实施乡村振兴战略的意见》提出，大力发展数字农业，实施智慧农业林业水利工程，推进物联网试验示范和遥感技术应用。实施数字乡村战略，做好整体规划设计，加快农村地区宽带网络和第四代移动通信网络覆盖步伐，开发适应“三农”特点的信息技术、产品、应用和服务，弥合城乡数字鸿沟。提升气象为农服务能力
2018年9月	中共中央 国务院印发的《乡村振兴战略规划（2018—2022年）》提出，大力发展数字农业，实施智慧农业工程和“互联网＋”现代农业行动，鼓励对农业生产进行数字化改造，加强农业遥感、物联网应用，提高农业精准化水平。发展智慧气象，提升气象为农服务能力。实施数字乡村战略，加快物联网、地理信息、智能设备等现代信息技术与农村生产生活的全面深度融合，深化农业农村大数据创新应用
2019年1月	《中共中央 国务院关于坚持农业农村优先发展做好“三农”工作的若干意见》提出，实施数字乡村战略。深入推进“互联网＋农业”，扩大农业物联网示范应用。推进重要农产品全产业链大数据建设，加强国家数字农业农村系统建设。继续开展电子商务进农村综合示范，实施“互联网＋”农产品出村进城工程。全面推进信息进村入户，依托“互联网＋”推动公共服务向农村延伸
2019年5月	中共中央办公厅、国务院办公厅印发《数字乡村发展战略纲要》，重点任务中指出要推进数字农业化转型。加快推广云计算、大数据、物联网、人工智能在农业生产经营管理中的运用，促进新一代信息技术与种植业、种业、畜牧业、渔业、农产品加工业全面深度融合应用，打造科技农业、智慧农业、品牌农业。建设智慧农（牧）场，推广精准化农（牧）业作业
2019年12月	农业农村部、中央网络安全和信息化委员会办公室印发《数字农业农村发展规划（2019—2025年）》，规划预期到2025年中国农业数字经济占农业增加值的比重将达到15％，农村互联网普及率达到70％；建立健全农业农村数据采集体系，基本建成天地一体化观测网络、农业农村基础数据资源体系、农业农村云平台
2020年1月	《中共中央 国务院关于抓好“三农”领域重点工作确保如期实现全面小康的意见》指出，加强现代农业设施建设。依托现有资源建设农业农村大数据中心，加快物联网、大数据、区块链、人工智能、第五代移动通信网络、智慧气象等现代信息技术在农业领域的应用。开展国家数字乡村试点
2020年7月	农业农村部印发《全国乡村产业发展规划（2020—2025年）》指出，以信息技术带动业态融合，促进农业与信息产业融合，发展数字农业、智慧农业等

（续）

时　间	政策文件及主要内容
2021 年 1 月	《中共中央　国务院关于全面推进乡村振兴加快农业农村现代化的意见》提出，实施数字乡村建设发展工程。推动农村千兆光网、第五代移动通信（5G）、移动物联网与城市同步规划建设。加快建设农业农村遥感卫星等设施。发展智慧农业，建立农业农村大数据体系，推动新一代信息技术与农业生产经营深度融合。完善农业气象综合监测网络，提升农业气象灾害防范能力

在中央政策的引领下，各省、自治区、直辖市政府积极出台本地数字农业农村发展的行动计划，结合地方实际，因地制宜创新数字农业的实现机制与实现路径。如浙江省印发《浙江省数字乡村建设实施方案》，强调推进生产管理数字化应用，建设一批省级数字农业园区和数字农业强镇。推广智能设施装备，推进数字化农业气象服务系统在现代农业中的应用，推进数字化监管，发展智慧农机装备和设施农业，开展数字农业工厂建设。推进农产品加工、农资生产企业数字化改造，建成一批数字化生产线。到 2022 年，建成 250 个数字农业工厂。广东省实施《广东数字农业农村发展行动计划（2020—2025 年）》，夯实广东数字农业新基建基础，争创优势形成数字农业示范标杆效应，积极创建国家数字经济创新发展试验区，打造“数字农业硅谷”。湖南省发布的《湖南省数字乡村发展行动方案（2020—2022 年）》提出，到 2022 年，数字乡村建设取得明显成效，推动农业物联网应用，打造数字农业产业新优势（钟文晶，罗必良，谢琳，2021）。

在推进数字农业发展方面，国家相关部门还通过项目建设资金和补贴结合的机制，激励地方政府大力推进数字农业的应用。农业农村部从 2017 年起组织开展数字农业建设试点项目，以县为单位组织实施，实施主体为区域内具有数字农业建设需求的农民专业合作社、家庭农场、农业产业化龙头企业等新型经营主体。同时，支持国家农业遥感应用等公益性科研单位开展农业遥感数字农业建设试点（周清波，吴文斌，宋茜，2018）。中央财政对符合条件的数字农业建设试点县市予以投资补助（钟文晶，罗必良，谢琳，2021）。

9.1.2　我国数字农业技术发展历程

数字农业是现代农业的重要发展方向之一，是通过高新技术的应用实现农业要素、农业过程和农业管理的可视化表达、数字化设计和信息化管理（蒙薇，2020）。数字农业发展基于以现代化信息技术为主要部分的关键技术在农业全过程中的集成应用。在众多技术中，数字农业以信息技术为基础，以“3S”技术为核心，构成的实现对农业的数字化生产和智能化管理。随着互联网的普及和信息化进程的加快，大数据、物联网、云计算和人工智能在农业领域得到广泛应用，包括元数据管理、虚拟现实、自动化和智能化、机器人等高新信息技术成为推动数字农业未来发展的重要关键技术（潘瑜春，赵春江，2003）。

21 世纪以来，生物技术、信息技术取得突破性进展，这些技术在农业领域得到广泛应用，大大加速农业现代化进程，使传统农业发生革命性的变化。数字农业逐渐成为现代农业最前沿的发展领域，有效促进现代信息技术与农业的融合，在数字水平上对我国农业的生产经营、流通管理、信息服务以及农业资源环境等整个领域进行设计改造（张伟，2004），最终实现农业数字化（潘瑜春，赵春江，2003）。

我国数字农业起步较晚，但近年来发展较快，并在关键技术研发与应用上取得了一定成效。自 1994 年我国首次提出精准农业的研究应用、1999 年提出“数字地球”发展战略后，数字农业开始随着国内外数字研究的兴起而逐步发展。随着大数据战略地位的提高和应用范围扩大，数字农业关键技术进入以农业大数据、农业物联网和农业人工智能技术为核心的新发展阶段（潘瑜春，赵春江，2003）。

国家科技部从 2011 年起设立“农村与农业信息化科技发展”重点专项，部署农业物联网技术、数字农业技术、农业精准作业技术等 7 项数字农业技术相关的重点任务。2015 年，农业部公布《关于推进农业农村大数据发展的实施意见》，从数据云平台建立与共享等方面指出了农业大数据发展和应用的基础和重点领域。2017 年，农业部正式设立“数字农业”专项，开展重大关键技术研发，我国数字农业关键技术在信息化建设、数据库建设、装备数字化和智能化建设、专家系统建设等方面取得了突破性进展。2019 年农业农村部在全国确立了 6 个全产业链大数据试点建设项目，应用大数据和人工智能的关键技术推进数字农业化发展（潘瑜春，赵春江，2003）。

9.1.3 我国农业农村电子商务发展历程

为实施信息化战略，我国提出发展“三金工程”。1995 年底，我国开始启动“金农工程”。“金农工程”的启动，也正式拉开了我国农业农村电子商务发展的序幕。然而，由于我国信息和物流基础设施相对薄弱，“金农工程”实施的前三年，主要工作是加强农业农村信息基础设施的建设，农业农村电子商务开展较少。到 1998 年，开始出现农产品电子交易，至今经历了 20 多年的发展。总体上来看，我国农产品电子商务发展经历了起步期、形成期、成长期和发展期四个阶段。

第一阶段，起步期（1998—2004 年），以粮食、棉花网上交易为标志。

1998年，郑州商品交易所集成现货网（现名“中华粮网”）开始进行网上粮食交易。2002年，全国棉花交易市场推出商品棉电子撮合交易，并提供资金、物流配送、信息等配套服务。这一时期，农产品电子商务主要局限于大宗交易，只是现货交易的一种补充（快资讯，2020）。

第二阶段，形成期（2005—2011年），以生鲜农产品网上交易为标志。2009开始，全国涌现了一大批生鲜电商，改写了人们对农产品电商客体的定义和内容，生鲜农产品电商品牌运营一时成为热点。这一时期，农产品电商与人们日常生活之间的距离不断被拉近。

第三阶段，成长期（2012—2014年），以农产品电商创新模式的竞相推出为标志。2014年，随着电商的广泛普及，B2C、C2C、C2B、O2O等各种电商模式被应用于农产品电商。同时，新一代互联网、物联网、大数据、云计算、区块链等大量先进信息技术被引入农产品电商。这一时期，农产品电商受资本青睐，融资和兼并重组频发。

第四阶段，发展期（2015年至今），以农产品电商相关政策的密集出台为标志。随着国务院印发的《关于积极推进“互联网＋”行动的指导意见》《关于促进农村电子商务加快发展的指导意见》《关于深入实施“互联网＋流通”行动计划的意见》等诸多政策文件的实施，农产品电商迅速发展，越来越多的消费者通过网络直接购买特色农产品（快资讯，2020）。

9.2　国内农业数字经济发展现状

2020年11月27日，农业农村部市场与信息化司会同农业农村部信息中心共同发布《2020全国县域数字农业农村发展水平评价报告》(以下简称《报告》)。《报告》显示，2019年全国县域数字农业农村发展总体水平达36.0%，较上年提升3个百分点。报告显示，全国县级农业农村信息化管理服务机构覆盖率为75.5%，县域农业农村信息化建设财政总投入182.1亿元，县域农业农村信息化建设社会资本总投入478.5亿元，农业生产数字化水平达23.8%，全国县域农产品网络零售额占农产品交易总额的比重为10.0%，农产品质量安全追溯信息化水平为17.2%，行政村电子商务站点覆盖率达74.0%，“雪亮工程”行政村覆盖率为66.7%，应用信息技术实现行政村“三务”综合公开水平为65.3%，县域政务服务在线办事率为25.4%。《报告》指出，数字农业农村发展亮点突出，各级政府重视程度大幅提升，信息化向基层快速延伸，农业生产数字化转型加快推进，市场主体正在成为数字农业农村建设的重要力量，但同时也面临着诸多问题和挑战。展望未来，数字农业农村将迎来加快发展的历史性机遇，数字技术将加快向农业农村渗透融合，农业农村数字经济潜力将加快释放（王彩，2020）。

9.2.1 我国数字农业发展现状

据统计，2017 年我国数字经济规模达 27.2 万亿元，占 GDP 比重 32.9%，而农业数字经济占行业增加值比重为 6.58%；2018 年数字经济规模达到 31 万亿元，占 GDP 比重 46.9%，同比增长 14%；农业数字经济占行业增加值比重为 7.3%，较 2017 年提升 0.72%。数字经济增长处于平稳上升阶段，而农业数字经济增长呈缓慢上升阶段，发展潜力较大。根据农业农村部预测，2025 年农业数字经济占农业增加值比重有望达到 15%（田丰，2020；企智集团，2020）。

2019 年我国数字经济规模为 31.3 万亿元，占 GDP 比重达 34.8%，2020 年新一轮科技革命和产业变革加速演进，人工智能、大数据、物联网等新技术新应用新业态方兴未艾，互联网迎来了更加强劲的发展动能和更加广阔的发展空间，"互联网+"加速与产业融合，这为我国乡村发展提供了新的历史机遇，农业农村数字经济的大力发展，不断催生农业农村新产业新业态新模式，培育发展新动能，推动乡村产业质量变革、农村经济效率变革、乡村发展动力变革，全方位、宽领域、多层次推动乡村振兴战略高质量实施（企智集团，2020）。

从数字农业发展取得的成效看：一是农村网络基础支撑能力明显增强。据工信部数据，2019 年我国行政村光纤和 4G 网络通达比例均已超过 98%，提前完成"十三五"规划目标；贫困村的固网宽带覆盖率达 99%，实现了全球领先的农村网络覆盖。二是数字农业农村建设快速起步。自 2015 年实施"互联网+"现代农业行动以来，现代信息技术与农业农村呈现全面融合发展之势。据农业农村部信息中心发布的数据，2018 年全国县域数字农业农村发展总体水平达到 33%，其中农业生产数字化水平为 18.6%。三是农村电子商务快速发展。2018 年我国农村电商市场规模达 17 050 亿元，2019 年上半年达到 1 873.6 亿元，同比增长 25.3%。行政村电子商务服务站点覆盖率达 64%。四是数字农业建设成效初显。农业农村部已在全国 9 个省份开展了农业物联网区域试验示范工程；深入推进数字农业建设试点，在全国开展了苹果、大豆、棉花、茶叶、油料、橡胶 6 个品种的全产业链大数据建设试点；已批复建设数字农业试点县 13 个；分三批认定全国农业农村信息化示范基地 210 个。五是信息进村入户工程已进入整省推进的新阶段。截至 2019 年 11 月，已在全国 18 个省份整省推进信息进村入户工程，共建成运营 34.6 万个益农信息社，累计培训村级信息员 73.7 万人次，为农民和新型农业经营主体提供公益服务 7 709 万人次，开展便民服务 2.6 亿人次，实现电子商务交易额 254.1 亿元

（农业农村部信息中心课题组，王小兵，钟永玲，等，2020）。

9.2.2　国内对农产品价格智能预测研究现状

宋丹丹（2020）认为，数据分析在农产品价格预测的优势具体可以体现为四个方面：一是能够避免农产品滞销，二是可以使农民作出更好的种植决策，三是有助于农产品流通，四是保障市场供需平衡。任伟宏（2011）认为，农产品市场是一个特殊的市场，智能的价格预测法可以突破数据量大、结构复杂等问题，进而优化价格预测的算法。朱强（2015）从大数据在农业生产的多方面应用进行阐述，认为在智能化的背景下，需要了解农产品以及替代品的特性，收集农产品价格波动的规律和影响农产品价格波动的因素，通过确定影响农产品价格的因素，进而才能够建立科学的农产品价格评估体系，以智能的农业分析技术为农业的生产和发展提供方向。在这方面，唐俊杰（2017）通过利用高斯回归模型对蔬菜的日价格进行了预测，并得出较高的预测准确性。何伟、刘芳（2015）通过使用市场、价格传导机制等指标构建了猪肉价格的预警体系，通过使用已有的2009—2011年的数据，利用BP神经网络预测模型预测了当年6—8月的数据，并得出猪肉价格的预警指数。耿献辉（2020）使用ARIMA模型对梨果的价格进行了预测，得出该模型在预测上的准确度，并通过数据的研究认为可以使用预测的价格为价格的决策提供依据，提出应该加强农产品的品牌建设和组织化程度以提升农产品在价格方面的竞争力。张标、张领先、傅泽田等（2017）从蔬菜的供应趋势入手，使用了2006—2015年日常蔬菜的价格数据，构建出计量经济模型，对蔬菜进行预测，得出较为准确的结论；并通过结论认为影响蔬菜的因素呈不稳定的状况，应该通过人为的操纵和调控去稳定蔬菜市场。

在进行对农产品价格的预测时也有学者认为应该优化方法来提升预测的准确性。王桂红（2013）提出，应该规范农产品价格的数据库，建立完整和统一的农产品价格数据库，以此提升农产品价格预测分析的准确程度。许世卫、李哲敏、李干琼等（2011）认为，进行农产品价格预测分析方法应该主要采用定量分析法，在研究对象和目标时应该筛选或构建出适用对象的模型和方法，并通过实证举例分位数回归法在农产品价格预测中的作用，提出农产品短期预测应该构建模型组合，通过智能化组合模型的构建提升农产品价格预测的准确性。刘合兵（2019）通过实证分析构建出小波变换和BP神经网络相结合的组合预测模型，使用组合模型对农产品价格预测进行模拟，进而提升了农产品短期价格预测的精准程度。徐雅卿（2017）通过将模型进行组合，使用组合模型进行农产品价格预测，得出组合模型的使用会提升预测的准确程度，相较于单一的预测模型，组合模型的使用更准确、更合理。

9.2.3 我国农业农村电子商务发展现状

欧特欧监测数据显示，2019年，全国县域农产品网络零售额达2 693.1亿元，同比增长28.5%，农产品电商市场进一步激活。其中，植物类农产品的网络零售额为2 142.9亿元，占比79.6%；动物类农产品的网络零售为433.3亿元，占比16.1%；农资类产品的网络零售额为116.9亿元，占比4.3%。从品类看，重点农产品网络零售总额约为2 028.1亿元，占县域农产品网络零售总额的75.3%；其中，植物类加工食品、粮油调味、植物类生鲜排名前三，网络零售额占比分别为17.5%、11.7%和8.4%，网络零售量占比分别为19.6%、10.2%和7.9%（农业农村部新闻办公室，2020）。

从农产品品牌发展看，“头部”品牌电商市场占比较大，“尾部”农产品品牌呈现“种类多、流量少”特点。欧特欧监测数据显示，2019年，休闲食品中的“三只松鼠”全网销售排名第一，网络零售额占比为14.3%，消费者黏性较大；“百草味”“良品铺子”分列二、三位，全网零售额占比分别为6.9%和6.2%。在粮油调味中，“金龙鱼”“福临门”“鲁花”排名前三，老品牌仍然具有一定优势；在生鲜食品中，京东生鲜自有品牌——“京觅”市场份额最大，网络零售额占比为2.3%，“日日鲜”网络零售量占比最大，为4.5%。

从区域情况看，由于农产品的时效性、保鲜度等限制，电商企业会优先选择在网商聚集度高、物流配送体系完善的东部沿海区域集中发展。欧特欧监测数据显示，2019年，华东地区县域农产品网络零售额达1 054.4亿元，占全国农产品零售总额的39.2%；华南地区的县域农产品网络零售额为631.0亿元，华北地区的县域农产品网络零售额为493.8亿元，分列二、三位，占比分别为23.4%和18.3%。从增长情况看，西南地区县域农产品网络零售量增速最快，同比增长率为52.2%；华北地区县域农产品网络零售额增速较快，较2018年增长42.4%，随后是华东地区、东北地区（农业农村部新闻办公室，2020）。

随着国家扶持政策的力度加大以及农村互联网普及率的不断提升，电商渠道加速下沉，阿里、京东、拼多多等电商企业纷纷聚焦县域农村地区，发展县域电商市场的同时，助力农业农村发展。阿里巴巴通过聚合体系中涉农业务板块（如淘宝、天猫、蚂蚁金服、菜鸟物流、聚划算、淘宝直播等）的力量，加速推进数字农业化发展。2019年，阿里巴巴集团设立了数字农业事业部，通过开展“基地直采”模式，在农业源头建立数字化基地，打造数字农场；同时，携手中华农业、北大荒等中央企业，加速布局农业领域。京东在2014年初提出针对县域经济发展的“3F战略”，包括工业品进农村战略（factory to country）、农村金融战略（finance to country）和生鲜电商战略（farm to table）。同时，通过与产业源头合作，在县域农业农村落地平台、运营、生态等，赋能农业产业链三大环节。拼多多通过“拼模式”，深入农业主产区及“三区三州”深度贫困地区，帮助农户搭上社交电商“快速通道”，助力农产品上行，打开县域电商市场；通过“多多农园”模式重塑农业产业链条，实现消费端“最后一公里”和原产地“最初一公里”直连，以农户利益为核心，创新扶贫助农模式。乐村淘、美菜网、一亩田、本来生活等垂直电商平台通过“源头直采”模式，在农产品细分领域深耕细作，推动农产品产业链升级，加速发展冷链物流体系。字节跳动、快手等社交平台通过场景化、原生态的直播卖货模式，打破了时间和空间限制，提升消费者的参与度与信任度，真正实现了精准的产销对接。美团、饿了么等本地生活电商平台以“生鲜电商”和“社区化服务”为切入口，布局社区“菜篮子”市场，通过前置仓模式，缓解农产品损耗、时效性等问题，实现菜场的数字化运营。盒马鲜生、超级物种等新零售企业主要围绕“超市＋餐饮＋物流配送”模式，通过线下“超市＋餐饮”体验模式引流线上购物，增强用户黏性，带动线上线下协同发展；通过产地直采、基地直供等形态，上游农产品实现了标准化、品牌化和可溯源（农业农村部新闻办公室，2020）。

9.3　国内农业数字经济发展存在的问题

9.3.1　数字农业基础设施薄弱

与发达国家相比，我国的数字农业发展起步较晚，农业农村信息化基础设施相对薄弱，一些农村地区受地理环境限制，通讯及物流不畅通。受基础设施的制约，我国数字农业依然处在相对早期的阶段，实际上大量硬件投入还未完全解决农业的根本问题。很多地方的数字农业建设，都存在“增量不增收”，数字概念脱离实际生产环境和“种”“产”“销”三个阶段脱节等问题。数字经济并没有发挥其实际作用，所以只有打通软件平台才能打开大数据、智慧农业以及数字经济大门的钥匙。而且目前公众对数字农业农村与农业农村数字经济的概念混淆。数字农业农村是以数据来驱动机械实现自动化运转和智能化调节。农业农村数字经济是通过运用互联网、大数据、云计算、区块链、人工智能等技术，对传统农业全方位、全角度、全链条的数字化设计和改造，提高全要素生产率，释放数字化对农业农村发展的放大、叠加、倍增作用。从概念到实际操作，农业农村数字经济发展之路还很长。

9.3.2　数字经济意识不强

美国等发达国家的经验告诉我们，发展农业农村数字经济，“数字之路”必须先行畅通。但是由于我国长期处于传统农业发展阶段，广大农民及相关政府部门的数字经济意识薄弱，加之数字农业农村的前期投资比较大，农民的主动参与积极性比较低，部分地区政府的重视程度不够，所以目前数字经济带来的重大效益在农村还没有充分体现出来，所以公众对农业农村数字经济的重视程度不高。而且当前我国数字农业的绝大部分应用还停留在生产环节，产业链其他环节的信息化和经济化程度较低。尤其是在市场推广营运、物流等方面都没有生产环节利用的充分。虽然农业农村部提出了“全产业链”的农业大数据发展路径，但未能充分激发产业链其他环节的潜力，农产品电商的经营方式也还未开始数据驱动的尝试。由于数字农业农村经济发展基础薄弱，所以农村电商的发展在催动农村产业链各环节发展的能力也是有限的。

9.3.3 数字经济地区发展不平衡

从全国范围来看，受经济发展水平和科学技术水平的影响，我国农业农村数字经济发展水平呈现出东强中西弱、南强北弱、城郊发展与区域发展不平衡的局面。数字差距是原因，如城乡数字差距影响了城市区位优势的发挥，也制约了城乡数字经济的共建与共荣。因信息贫困而引发的城乡数字差距表现为城乡数字经济发展速度落差和发展质量落差，地区发展不平衡亦是如此。

9.3.4 我国数字农业仍有不少“卡脖子”技术

我国数字农业共性关键技术有待突破。我国在动植物生长信息获取及生产调控机理模型研究方面落后于欧美国家，我国农机装备专用传感器、农机导航及自动作业、精准作业和农机智能运维管理等关键装备技术也存在突出问题。我国的精准农业领域创新局限于地理信息系统（GIS）、全球定位系统（GPS）、遥感系统（RS）等单项技术与农业领域结合，而很多底层技术专利属于国外，很容易被“卡脖子”。以农业传感器为例，我国目前自主研发的农业传感器数量不到世界的10%，且可靠性、稳定性、精准度等性能指标不佳，如土壤墒情监测传感器、二氧化碳浓度传感器、叶表面分析仪等技术和设备在长期暴露于农田自然环境时，故障率高，严重影响使用。同类传感器设备，与国外产品相比维护成本过高，性能差距较大（许竹青，2020）。

9.3.5 农业数字经济产品化能力弱

目前，我国绝大多数地区农村数字信息服务平台建设不足，网络平台的信息资源的收集、加工、传输、发布服务不健全，在市场化培育成熟程度还不够高的情况下，涉农电商的发展空间十分有限（刘美平，孙玉瑶，2020），而电商恰好就是依托网络平台进行数字经济发展，所以网络平台溢出空间有限的情况下，造成电商交易困难，数字经济红利难以实现。

虽然农业数据服务企业层出不穷，但其对农业生产经营主体的服务能力普遍不足，导致产品市场化困难（马丽，2020）。数据产品的服务能力严重依赖于数据质量，随着高价值数据的不断积累，有望提升产品实用性。只有持续打造有生命力的数据产品，才能撬动庞大的数字农业化市场。

9.4 国内农业数字经济发展趋势

以“数字化”为特征的现代农业 4.0 是毋庸置疑的未来发展方向，数字农业将带来更高的产业效率，更公平的价值分配，更可持续的发展方式。

9.4.1 数据供应定制化

数据资源是发展数字农业的基石，目前我国数字农业面临数据采集成本较高的困境。随着数据思维深入人心，数据采集的组织成本将大幅下降；随着农业物联网的升级换代、公共数据的不断开源以及从业者信息化水平的提升，数据采集的显性成本将不断减少。未来所有的农业产业单元都将拥有定制化的数据供应系统。而且，数据仓库里的静态资源将随着拥有者的数字化能力提升而不断流入产业链，通过交换、融合或再生，去不断创造价值，实现业务的数字化驱动。

9.4.2 数据模型国产化

发现数据价值是数字农业发展的动力之源，以色列可以把硬件设备卖给我国，却绝不开放后台系统，因为真正的核心技术是实现数据价值的模型。当下，随着大国科技竞争的加剧，引进科技成果的壁垒不断增高，而且由于国内外农业业态差异大，我国无法套用国外的模式与模型。我国不断鼓励科研成果的产业转化，产业与学术、农业与数据科学的跨界合作正在逐步深入，因此实现产业核心数据模型的自主研发是大势所趋。

9.4.3 农业机械智能化

机械化与智能化之间只隔着一个“数据驱动”的距离。中国制造 2025 战略明确把“智能制造”作为主攻方向，顺应市场潮流，海尔、金风等老牌制造厂商已经积极开展数字化转型，寻找新的市场增长点。农机厂商也必将不断利用数据为机械赋能，适应数字农场的场景需求，实现从制造商向服务商的转型升级。

9.4.4 产业链虚拟化

随着农业产业各环节数字化程度的有效提升，当数字化的机器智能与商业智能进入生产与经营，产业链将不断进入网络，在网络世界逐步完成现实的数字化映射。产业链虚拟化将进一步推动消除信息不对称，提高产业效率，发现新的市场增长。

9.4.5 供应链金融普惠化

近年，供应链金融迅猛发展，据测算，到 2020 年，我国供应链金融的市场规模可达 14.98 万亿元。供应链金融是产业优化的重要组成部分。它通过优化资金流来促进产业、特别是中小企业的健康发展。通过物联网、互联网和人工智能等新兴技术的应用，数字农业将有效推动中小企业有机融入产业网络体系，为供应链金融普惠化提供坚实的产业基础；同时，农业产业虚拟化进程所带来的产业信息透明化和主体信用可追溯也将为金融风险的量化管理提供切实的保障。

9.4.6 数据安全增强化

无论是农田数据还是企业的经营数据都是反映从业者生产经营状况的关键信息。数据带给产业动能的同时，也存在被滥用的风险。因此，数据安全是产业数字化发展的基本保障。存储和应用数据的信息化系统安全性的诉求将不断增强，数据权属问题也将随着法律的完善而得到妥善解决，解除产业数字化的后顾之忧。

9.5 推进我国农业数字经济发展的措施

9.5.1 培养数字农业发展理念

各基层政府要以资源数字化、数字产业化、产业数字化为主线，找准切入点，实时跟踪了解当地农村的经济资源和当地农村数字化建设的水平，依托当地的优势资源和项目，尤其是把握农产品特色，建立健全适合本地的农业农村数字经济发展的促进政策，加大对当地农村电子商务发展的优惠措施，补足数字经济的发展所需。

加快培育数字乡村领域的领军人才和创新团队，建立高等院校、科研院所等科技人员到乡村兼职挂职、技术指导、项目合作、基地共建和离岗创新创业的政策措施，完善农业农村信息化领域科研成果、知识产权归属、利益分配机制，鼓励科研人员到农村创业创新。大力实施引才回归、引业回乡、引智回哺、引资回流工程，通过加大资金激励、落实政策扶持、健全社会保障等方式，引导鼓励在外优秀企业家、农村实用人才、高校毕业生等回乡创业，积极助力数字乡村建设。

9.5.2 完善数字农业基础设施

要坚持质量兴农、绿色兴农，大力发展数字农业，依托“互联网+”推动公共服务向农村延伸。构建和完善卫星、航空、地面无线传感器等“天空地”一体化的数据采集系统，加快建设农业农村数字资源体系。构建农产品质量安全追溯体系，扩大 4G 网、光纤网的覆盖，网络不仅通到村居，还要通到田间、圈舍、鱼塘、车间，发展物联网，并探索北斗卫星导航系统和 5G 在农业生产中的应用。

9.5.3　补齐农业农村数字经济短板

逐步缩小城乡和地区之间数字农业农村规划建设的差距，实施数字乡村战略，有效弥合城乡数字鸿沟，打通“绿水青山”变为“金山银山”的通道，努力使独具特色的乡村地域资源转化为市场竞争优势。优先支持中西部发展数字农业农村，东部地区支持中西部发展。

政府要加快数据规范和开放共享，引导各部门涉农信息资源的规范和整合，统一数据标准，加快开展数据资源资产化、资本化。发挥城市的实体经济优势，为农业农村数字经济所需要的基础设施提供资金支持。例如，加强农村的通信网络建设，充分利用“互联网＋”的发展契机，全力实现农村地区的通信网络全覆盖，保障农村的数字化信息接收畅通，尤其是满足农产品电商发展的信息需要。

9.5.4　促进农业农村数字经济融合发展

深化农业农村数字经济产业链发展，加快实施“互联网＋”农产品出村进城工程。

一要注重全链条发展。对传统农业进行全方位、全视角、全过程的数字化改造，探索建立上下游协作机制，按照延长产业链、提升价值链、完善利益链的原则，构建农业供应链集成与融合平台，利用平台集约的规模优势，整合流通领域优质物流资源，打通从生产端到批发端、零售端、消费端、出口端诸环节，提高供应链物流效率，形成农业全流程快捷高效的精准物流服务体系，形成产业深度融合发展的新型农业发展格局。

二要积极培育新业态。因地制宜发展“互联网＋”特色主导产业，鼓励支持各类市场主体创新发展旅游、民宿、创意、文化、康养、运动等新业态，打造感知体验、智慧应用、要素集聚、融合创新的“互联网＋”产业生态圈。

三要注重龙头带动。综合考虑产业发展状况和产业融合发展要求，加快培育一批农业农村智能化龙头企业、农民专业合作社和种养大户等新型经营主体，创响一批“土字号”“乡字号”特色品牌，推动形成产业链条健全、专业协作机制完善、竞争力强劲的领头雁型产业园区和产业集群。

四要利用数字经济推进农业发展方式变革，利用遥感等现代信息技术，让确权登记“上图入库”，探索农村产权交易方式和模式，促进农村产权交易体系市场化、规范化，推动农业生产性服务业发展，驱动农业由小规模分散经营转向适度规模经营。

9.5.5　提高农业农村的数字经济产品化率

未来数字农业的发展方向应注重从水肥一体化、植保无人机、农产品可追溯、智慧农场与物联网、互联网、大数据等高科技相结合的种植、养殖农场，工厂化养殖，智慧园方面努力。由此，应大力支持各类市场主体创新发展基于电子商务的农业产业模式，利用农业农村数字经济培育特色优势产业，发展生态农业、设施农业、体验农业、定制农业、分享农业等新产业新业态新模式，建立健全农产品产销稳定衔接的机制，提升小农户的抗风险能力，提高农业农村的数字经济产品化率。

第十章　国内农业数字经济应用案例分析

10.1　“农帮宝”：都市安全蔬菜封闭供应链平台

10.1.1　公司概况

“农帮宝”是龙信思源（北京）科技有限公司旗下的一个产品。龙信思源（北京）科技有限公司专注于民生领域的大数据应用服务，以大数据分析挖掘技术为核心竞争力，为政府、社会组织及研究机构等提供专业的大数据服务解决方案。目前，公司的主营业务正逐渐转向依托大数据、云计算、物联网、移动互联等技术手段，开发和运营“蔬果基地＋城市销售网点”直供的B2B安全农产品封闭供应链平台。公司自2014年1月2日成立以来，业绩良好，2014年主营业务收入为262.92万元，2015年主营业务收入为1 121.68万元。

“农帮宝”都市安全蔬菜封闭供应链平台是一款由公司自主研发的、基于大数据驱动的新型生鲜蔬菜产品交易互联网服务平台。平台采用“规模联采、基地直供”的创新模式（王巍，2016），搭建了从产地到居民的“绿色通道”，同时建立了一套产供销一体化的封闭供应链追溯体系，并引入严格的供应商准入机制和生产管理操作规范，切实保障平台供应的蔬菜优质、优价、安全，让居民吃到安全菜、平价菜。

平台自2016年3月15日正式上线以来实现了40余种安全农产品直供，并保持了平稳健康发展态势，每周通过平台采购的蔬菜重量正在呈几何倍数增长，用户有首农生活、超市发、物美等十余家知名连锁超市。

10.1.2　主要做法

该平台充分利用物联网、云计算等大数据技术，整合蔬菜生产、加工、物流、销售、市场等多渠道农业相关数据，打通了蔬菜生产者、经营者、管理者和消费者之间的壁垒和信息孤岛，实现了数据资源互联互通，覆盖从“田间到餐桌”的全过程跟踪和监督管理，形成了产供销一体化的安全蔬菜封闭供应链可追溯信息流网络，全程监控蔬菜产品从产地、流通、配送到商家的每一环节，确保全程可追溯，供应保安全。同时，平台通过采用“规模联采、基地直供”的创新模式，全面升级优化蔬菜交易流程：蔬菜从农民专业合作社地头直接装车，直接配送到各大商超仓库或市内仓储，省去中间二三次或更多物流环节，节省成本，保障了蔬菜产品的价优与新鲜，实现“优质优价、价量齐升、安全放心”的产供销一体化的新型产业生态。

“农帮宝”供应方均为全国相应品种最优蔬菜生产基地。平台引入严格的供应商准入机制和流程，每一个准入的蔬菜供应基地均是经过基地资质审核、环境国标检测、联盟采购专家组实地考核评审等环节严格评审通过的，安全品控流程过硬，供应菜品达到手选级。并且直接对接当地政府、农业农村局，建立蔬菜溯源系统，与平台打通接口，通过技术手段实现所供蔬菜的可追溯。通过大规模集采、基地直供，减少流通环节，使得产品到岸价格与新发地等一级批发市场价格持平。平台操作也十分简单便捷，只需要微信端直接下单、支付；PC 端可以实现订单管理、支付管理、大数据分析等多项复杂功能。蔬菜基地直供，下单当日或次日就可以送达采购商指定地点，大大降低物流成本，使各大商超供货及时有保障。同时拥有专业的冷链仓库，能保证蔬菜新鲜。

10.1.3 经验与启示

“农帮宝”联采平台旨在基于大数据分析挖掘技术构建产供销一体化的农产品封闭供应链，通过引入严格的供应商准入机制和流程，并利用物联网技术、云计算、大数据技术整合多渠道农业相关数据建立蔬菜溯源系统，实现所供应蔬菜的信息可追溯，通过大规模联采、基地直供的创新服务模式，最大限度地减少流通环节，打通蔬菜从产地到餐桌的“绿色通道”，确保蔬菜安全、优质、优价，并基于大数据技术构建专业的模型算法，综合评价供应商、采购商，分析并评估预测市场走势，实现数据价值的最大化，打造未来平台化农业产业新生态的雏形。

相比 B2C 市场，B2B 生鲜电商的竞争并没有那么激烈。从国外生鲜电商发展历程来看，中国的相关产业还处于初级阶段，生鲜电商市场规模较小，市场发展潜力巨大。生鲜市场国内供应链发展尚不完善，深耕供应链市场大有可为。加之与国内同类服务相比，平台具有明显的质优、价优、安全直供、信息可追溯、操作便捷优化等优势。

目前，该平台已实现十余种安全可追溯蔬菜的直供，用户有超市发、幸福超市、百舸湾、车客家园等知名连锁商超和北京市内 300 余家社区菜店，供应基地主要分布在山东、内蒙古、河北及北京周边共计近 400 万亩* 的蔬菜种植面积，有效解决了产地卖菜难、居民吃菜难等问题。

* 亩为非法定计量单位，1 亩≈667 米^2。下同。——编者注

10.2　淘宝村：数字化助推乡村振兴

10.2.1　淘宝村简介

2014 年以来，随着国家电子商务进农村综合示范项目的实施，阿里巴巴集团加大力度贯彻国家强农惠农政策，推进集团农村战略，“淘宝村”作为电商助农的“一种世界级的经济现象”得到了广泛的关注，覆盖范围由星星点点发展为遍地开花。

“淘宝村”是指在农村地区，电商年销售额达到 1 000 万元，且活跃网店数量达到 100 家或活跃网店数量达到当地家庭户数的 10%的行政村。淘宝村现象，是由社科院汪向东老师在农村调研时发现和提出来的，已逐渐演变成一个农村电商发展程度的标志。在一个乡镇或街道的淘宝村大于或等于 3 个，或者一个乡镇的年电商销售额超过 3 000 万元、活跃网店超过 300 个，则可以称之为“淘宝镇”。2009 年全国只有 3 个淘宝村，到 2020 年 6 月已达 5 425 个淘宝村和 1 756 个淘宝镇，这些村镇销售额合计超过万亿元。

10.2.2　经验与做法

淘宝村经过了十年发展，淘宝村的形成与发展过程是互联网时代电子商务对乡村地区物质空间和社会系统全面重构的过程。富于开拓精神的乡村草根创业者，依托当地的产业基础与资源禀赋发掘特色产品，借助电商平台的链接能力，辅以政府的政策支持与资金帮扶，推动了乡村电子商务产业的快速发展，使普通乡村逐步成长为淘宝村（吕莎莎，2019）。十年来，众多淘宝村蓬勃发展，沉淀下宝贵经验，可以概括为草根创业、平台赋能与政府有为相结合。

1. 草根创业

草根创业者，是淘宝村发展的第一主体。最早涌现的淘宝村基本由自下而上的草根力量推动形成，如江苏省徐州市睢宁县沙集镇东风村和山东省菏泽市曹县大集镇丁楼村，是自发型淘宝村的典型代表。孙寒、任庆生等草根创业者的先行尝试点燃了电商发展的星星之火，当“网上卖货赚了大钱”的消息在乡村里迅速传播起来时，互联网电子商务所带来的财富效应开始驱动模仿扩散。经济实力强的电商大户，更是跳出自家院子在村外办起生产加工厂，推动着电商产业链的不断完善。

2. 平台赋能

电子商务平台为农民提供了低成本的网络创业途径，释放了草根创新力。当占地最广、人口众多的农村地区通过电子商务平台对接了全国统一大市场，便产生了巨大的核聚变效应。电商平台从交易、物流、金融等方面，为草根创业者赋能。2020 年，淘宝、天猫平台支撑淘宝村完成超过 25.9 亿笔交易；近

500个淘宝村年销售额超过1亿元，销售规模前100的淘宝村年交易总额超过千亿元。在电子商务平台的作用下，乡村地区得以突破传统区位约束，参与全国乃至全世界的产业分工，实现社会和经济跃迁式发展。

3. 政策加持

新结构经济学认为，政府和市场应在经济发展中共同作用，其中政府应供应具有外部性的公共产品，而供应形式可以是以各类设施建设为代表的刚性公共产品，也可以是出台实施专门化政策、有针对性地调整体制机制等柔性公共产品。淘宝村在其产生与发展过程中大都获得来自不同层级政府的大力支持，各级政府从不同层面、以不同方式提供的各类公共产品，不同程度扫清了产业发展的阻碍，加速了乡村电商产业的扩张与升级（图10-1）。

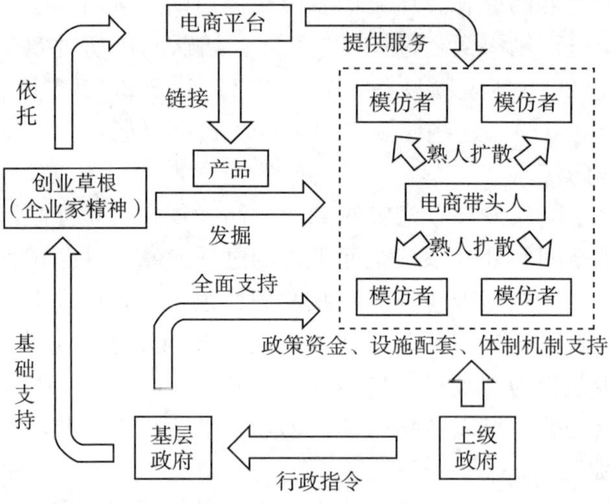

图10-1 淘宝村驱动因素的作用机制

淘宝村发展的不同时段，各级政府所发挥的职能有所不同。在农村电商产业发展的初期，由于规模不大、绩效较弱，通常很难引起上级政府的重视，主要是基层政府发挥行政优势予以支持。例如为创业者提供网店注册、创业贷款、技术培训等方面的帮扶，甚至通过许多“机智”的策略在一定范围内包容、扶持乡村草根的创业行为，促进乡村电商产业的快速发展，产生了明显的效果。如山东省菏泽市曹县大集镇政府、湖北省十堰市郧西县涧池乡政府、江苏省宿迁市宿城区政府、广东省揭阳市政府等。

随着乡村电商产业的快速壮大，淘宝村逐渐引起社会各界和高层领导的关注。2014年起，李克强总理以及中央政府对于电商扶贫、电商振兴乡村绩效的认可，开始促使各级政府积极介入淘宝村的发展与培育（胡云龙，2020）。

在大量资金和政策的支持下，各类公共服务产品开始持续进入乡村，道路交通、土地供应、通信设施等方面的保障不断完善，乡村电商产业开始从淘宝村出发向更大的空间扩散。

市场发育到一定阶段必须有政府的积极干预，有形之手和无形之手在电商产业的发展过程中同样缺一不可。规范企业的市场与空间行为，为产业发展提供更好的空间供给是有为政府必须承担的责任。沙集模式在这一方面走在前列。江苏省徐州市睢宁县政府不仅对沙集的产业体系进行有效整合，同时在沙集镇积极规划“电商特色小镇”，打造“一城两园一带”，即电子商务城、电商产业园和电商物流园及徐淮路电商产业带，推动沙集电商产业“园区化”“品质化”，形成更加集约高效的产城空间。

10.2.3 经验及启示

淘宝村和淘宝镇之所以能够飞速发展，核心动力是“三力合一”的结果。

一是草根创业者脱贫致富的源动力。这是广大农民固有的对美好生活的向往，被改革开放、脱贫攻坚所激发的脱贫致富的驱动力，这个力量不可阻挡。

二是数字平台的科技支撑力。边缘的农村离市场比较远，但有了科技赋能，只需一部智能手机就可以“买全球”“卖全球”，哪怕你身处偏远山区，也能用上最先进的阿里云、大数据、人工智能，让当地产品销售到遥远的广阔市场。

三是政府提供的政策驱动力。在中国的广大农村，硬化路面和通信网络基本实现村村通，这使得农村从事电商的基础设施完全具备。政府还提供了鼓励创新、包容审慎的监管政策环境，让农民愿意创新、敢于创新。

总之，就是把人这一最活跃的因素，与最先进的科技因素及制度供给因素、数据生产要素完美地结合起来，使中国淘宝村的发展具有源源不断的创新活力和前进动力（曾诗淇，2020）。

10.3 爱心助农：打通农产品出村进城的数字通道

10.3.1 项目背景

受疫情影响，全国各地普遍出现了农产品滞销难题，大量蔬菜、水果等“菜篮子”产品供需阶段性和区域性失衡。面对突如其来的鲜活农产品田头积压和农产品供应链脱销断档，如何突破疫情重重“封锁”？阿里巴巴在全国推出“爱心助农”计划，调动数字科技力量与商业生态资源，截至2020年3月15日，销量已经达11.8万吨，不仅领跑所有电商平台，实现了农产品产销精准对接和销量增长，同时展示了数字经济助推数字农业化的广阔前景。

疫情对农业产业链影响较大，特别是农产品流通环节。各地实施的严格交通封锁对切断疫病传播有重要作用，但也给农产品产销对接带来极大困难，造成农产品运输梗阻、集贸市场交易中断、大量鲜活农产品积压，农户因此经济损失惨重。在几乎完全瘫痪的农产品供应链面前，阿里巴巴选择迎难而上，多个业务板块齐头并进，用大数据架起产销两地链接桥，打出了一套漂亮的稳产保供促销“组合拳”。

10.3.2 主要做法

爱心热线，多渠道精准掌握农产品滞销信息。工欲善其事，必先利其器，农产品“买难卖难”问题就出在信息不对称。一边是产区鲜活农产品大量积压田头，一边是隔离在家的城乡百姓买不到菜，阿里巴巴迅速开通了“爱心助农热线”。助农专线开通不到 4 天，已经有 2 200 人为农户、产区带来同步待销农产品信息，淘宝平台迅速铺开 550 个原产地、1 802 个县域、38 万款的时令农产品，覆盖首批全国 8 大核心产区，第一期内帮农民卖空 5 万亩农地的收成，让数十万吨农产品找到“婆家”。

急事急办，全力抢通农产品数字供应链。疫情使得从采收到销售整个链路受阻，但最大的难题还是物流。如果链路不通，再好的优惠政策，再旺盛的需求，都不一定能转化成生产力。从采收到销售，从产地到销地，农产品全链路的每一个环节，途径的每一个地方，都需要重新一一打通。阿里巴巴紧急成立项目组，整合数字农业、菜鸟、天猫等业务板块（曾诗淇，2020），加上 34 个商家参战，发挥强大的数字生产、数字流通和数字销售能力，线上线下齐发力，抢通了从采摘、包装、运力到销售的全链路数字供应链，农产品原产地直采直供全国。

院士站台，增添农产品价值的靓丽名片。农产品不仅要产得好，还要卖得好。如何让“身在闺中待认识”的特色优质农产品找到“好婆家”，显个“好身价”，科学引流是免不了的。“柑橘院士”邓秀新、“花生院士”张新友等全国 30 个国家农业产业技术体系的首席科学家或权威专家，带着从一线获取的 500 多条农产品滞销信息，登上阿里巴巴“爱心助农”平台，亲身亲力帮助农民兄弟做营销。还有不少市长、县长齐上阵，甩开膀子、拉开嗓子推销本地农产品。

平台直播，体验从产到销无缝对接的新优势。边看直播边下单，早已成为消费潮流。数据显示，淘宝直播连麦对疫情期间滞销农产品产销对接形成了有效拉动。直播间的现场连麦，让消费者直观地看到来自原产地的蔬果的品质，产地直供、线上销售的助农新模式，也帮助农户找到了更广阔的市场空间。为了做好直播，淘宝将每个月 15 日定为雷打不动、专门助农的“村播日”，1 万位农民集体开播卖菜，全国上万个蔬菜大棚瞬间变成直播间。农民忙起了“春播”，各施绝技显才华，有产就不愁卖。

五条准则，让助农产品品质更有保障。越是非常时期，质量越要严格把控。淘宝搭建农产品网上电商平台，不仅让农户和商家滞销农产品卖得称心，还让千家万户消费者吃得放心。为此，阿里巴巴发布“助农五条”准则，从商家准入、商品抽检和品控等五条准则入手，严控上线农产品品质关，呼吁农民和商家拿出最好的产品，用真心对待消费者的爱心。平台还运用大数据资源，结合技术算法、人工巡视、商品抽检、动态监测评估等方法，让品质高、货源好的商家脱颖而出。作为直接连通农业原产地和消费者餐桌的尝试，“爱心助农”帮助农民和商家解决疫情时期的困难，也成为农产品口碑的积淀。

10.3.3　经验及启示

阿里巴巴成就“爱心助农”的最大平台，非一时之功。社会资本进军现代农业，不仅要有为农爱农助农的深切情怀，有对中国农业产业运行的深刻理解和把握，还要有源源不断的投入、坚守和积累。正是坚定不移的数字化战略，真金白银的市场投入，十年如一日的积累，方能在农产品区域性和阶段性滞销的紧要关头挺身而出，创出一片“爱心助农”的新蓝海。

觉醒。源自对中国农业的深刻理解以及长期积累的数字化能力。阿里巴巴是我国电商行业的开拓者，更是数字农业最早的实践者，深刻理解中国农业的痛点。面对我国传统农业品牌化程度低、销售渠道受限、全要素贡献率不高、供需矛盾突出的短板，阿里巴巴启动数字化战略。当疫情来临农产品销售受阻，阿里集合天猫、淘宝、聚划算、盒马、饿了么、阿里乡村事业部等智慧电商资源，组成了线上线下农产品销售的全域网络，以其长期积累的数字化能力，赢得了解决应对的先手棋。

投入。真金白银投入站稳农产品电商市场塔尖。做农业仅有情怀是不够的，还要有真金白银的投入，真情实意的付出。阿里巴巴在全国推出“爱心助农”计划，设立10亿元“爱心助农基金”，平台给予百亿元专项销售补贴，撬动了几近瘫痪的农产品产销对接的线上市场。长期投入聚拢庞大的用户数、商业和科技力量，在短时间内打通紧急供应链，实现了农产品销量的增长。

专注。致力为农业全产业链升级持续续航。阿里巴巴进军农业，不仅仅停留在农产品电商领域，逐步影响扩大到整个农业产业链，布局全国主产区。“让农民的土地增值，让每一块土地亩产从一千斤到一千美金，是中国农村需要解决的最重要事情”，阿里巴巴一直坚守这一信念。淘宝村迄今运营10余年积累了大量的经验，2018年启动了“亩产一千美金”计划，2019年强势复苏聚划算平台，强力助推农业产业升级和农产品上行。

创新。引领现代农业新旧动能转换与全要素变革。阿里巴巴始终融入创新元素，推动从田间到餐桌的农业全要素生产率提升。在生产端，创新智慧订单农业链接供需两端，真正实现数据引航生产，保障农货品质稳定和销售可持续，从而助力农产品铺开市场、提升价值。在营销端，创新多元化的供给策略，推出既管用又接地气的营销服务，精准定位和满足不同层次消费需求，从品牌正品，到长尾市场，再到性价比市场，真正让农民受益、消费者称心、平台发展的互利共赢和良性互动。

10.4 盒马村：打造以数字化订单农业为基础的新农村

10.4.1 基本情况

盒马村指的是，根据订单为盒马种植农产品的村庄，是阿里巴巴数字农业基地的典型代表，也是当下农村转型、发展的新样本。盒马村通过阿里巴巴建设的“产—供—销”三大平台，让农村从分散、孤立的生产单元升级为现代数字农业产业链的一部分，农民成为数字农民，可以用新的办法，种出好东西，卖出好价格。

盒马是一个以数据和技术驱动的新零售平台，采用“线上＋线下”与现代物流体系深度融合的零售新模式。盒马村是指根据盒马订单，与盒马形成稳定的供应关系，推动农产品精细化、标准化和数字化改造，发展“农业＋数字化基地”的典型村庄代表。截至 2020 年 12 月，盒马已在全国 18 个省份建立了 120 个盒马村。随着盒马村的发展，逐渐形成的一种以数字化订单农业为基础的“农业＋数字化”新模式，被称为“盒马村”模式。

10.4.2 主要做法

“盒马村”模式以盒马销售端大数据精准识别消费者需求为初始动力，遵循“数字化开拓市场—技术提升品质—长期协作确保供应链稳定”的路径，推进盒马与合作方供应链数字化协作管理，以政府干预与市场相结合的力量推动人力、资本和技术的有效配置，引领生产端的订单数字农业化升级。具体来说，“盒马村”模式在推动数字农业化与现代农业发展上主要通过以下几个渠道。

第一，新零售＋大数据挖掘需求，带动农业供给侧结构性改革，实现农产品价值创造。

盒马通过“门店＋线上”同时采用 App 支付的销售模式，积累了大量的消费记录和消费者的评估数据，可以通过后台大数据分析精准识别消费者偏好和需求。盒马的大数据挖掘需求有两种方式：一种是针对消费者的某一类型需求，将符合这类需求的产品做到极致；另一种是将消费者多个类型需求融合创造出可以满足复合型需求的新品牌。例如，盒马在四川省打造的“高山鲜”品牌，抓住了消费者对生态环境、口感的需求，以及对换季蔬菜的长期需求，在甘孜藏族自治州、阿坝藏族羌族自治州和凉山彝族自治州等高海拔地区发掘了当地的豌豆尖、黄金荚和自然熟番茄等生态农产品；向消费者提供优质食材的同时，也挖掘了农产品的品牌价值，推动山区农业的现代化发展。

第二，数字化供应链协作体系，降低信息成本，提升物流管理效率。

“盒马村”模式采用“产—供—销”一体化、数字化供应链管理，对农产品的加工、物流（冷链运输）、仓储以及分拣、包装和检测都制定并执行了严格标准。盒马供应链中所涉及的各环节设施分别由盒马与其供应商投资建设。例如，位于四川省成都市双流区的盒马大仓，统一对各地农产品的农残等指标检测、分拣、包装并调配运输至四川省内以及全国各地的盒马门店。不同的是，成都市郫都区红光街道汉姜村“Baby 菜”的初级分拣和冷链物流由生产端的成都玉知禾农业公司负责；美姑黑山羊的分割和包装由盒马指定的加工公司负责。盒马使供应链各环节流程标准化、信息数字化，一方面能够实现农产品全程可追溯，另一方面通过大数据能够计算出供应链各环节的成本和收益，有利于各环节交易的信息透明，从而降低了传统供应链中的隐性成本。

第三，数字化订单农业推动农产品标准化与数字化生产，促进农业现代化发展。

盒马村除了农产品有需求潜力，还需要生产地具备承接订单农业的能力。实际上盒马村的建立需要满足至少三个条件。首先，盒马村提供的特色农产品可以标准化和数字化，比如蔬菜和水果的表征（如水果的甜度、直径、成熟度等）能够统一，并且满足盒马大数据挖掘的市场需求。其次，必须以订单农业的方式与盒马签订交易协议。再次，供货的主要渠道是盒马。因此，盒马通过大数据需求确定农产品的生产和供应标准，可以有效地反向推动盒马村农产品的数字化改造、农民生产技能的提升和农业现代化。例如，汉姜村“Baby 菜”的生产启用了智能大棚、温度调控、水肥一体化、自动喷灌等设备，实行数字化、标准化生产。基于数字化订单农业，盒马村与盒马形成长期稳定的交易关系，交易价格根据生产和物流成本等联合定价，通过市场机制实现农民增收和风险降低的双重效果，让农户切实享受到数字化农业的红利，激励农户发展现代化农业。

10.4.3　经验及启示

盒马村发展至今，已经形成了基于数字化订单农业、产供销一体化、运营较为灵活的多元组织模式。该模式的参与主体除了盒马、农业企业、农民专业合作社和农户以外，地方政府也发挥了重要作用。此外，“盒马村”模式不仅存在以上共性，而且因各地资源、农业基础和经济环境等地域特征差异呈现一定的异质性。具体来看，“盒马村”模式及其特征可以总结为以下几点。

首先，分工合作、协同定价与增值共享。盒马与农民专业合作社或农业企业等供应商形成长期稳定的协作关系：盒马负责品牌营销，农民专业合作社或农业企业重点关注农业技术升级和品控，农户负责按订单进行标准化生产，由此确保了生产端与需求端的高质量衔接。农民专业合作社或农业企业与盒马共同定价，农民专业合作社或农业企业对基地农户实行保底工资加提成分红，使得每个参与主体都能从高端农业的增值中受益。不同的盒马村在参与主体的协作和一体化的模式上也存在一定的差异。比如，武汉强鑫蔬菜产销专业合作社与盒马鲜生合作，主打日日鲜品牌，通过盒马销售大数据进行农产品的高效精确供给。四川省甘孜藏族自治州丹巴县的盒马村采取的是公司＋种植基地（公司自主基地或合作基地）的生产模式，其参与主体丹巴玉知禾农业有限公司与盒马共同打造了黄金荚、“Baby 菜”、自然熟番茄等多种“高山鲜”品牌系列产品。

其次，大数据指导、精准供给与数字化生产。盒马将相关的销售大数据实时与农民专业合作社或农业企业等供应商共享，有助于其灵活调整生产和出货量，有效降低了供给和需求不匹配的风险，节约了仓储成本，降低了损耗。不过在农产品生产的规模化与数字化方面，不同地区存在明显差异。丹巴玉知禾蔬菜种植基地对蔬菜的种植技术和品种等核心技术进行研发和产业化，精细地确定种植生产标准，辅以工业中技术成熟的智能化管理。例如，使用智能大棚、温控设备等对农作物的生长动态进行实时监测，实现了农业智慧化升级。武汉强鑫蔬菜产销专业合作社从种植基地的物联网终端，到农产品供应链的数字化加工、分包，以至消费端的大数据营销，逐渐构建起“产—供—销”智慧衔接的新格局，并辐射到种植基地外的小农户，推动当地农户蔬菜供应的数字化进程。

再次，发挥政府职能、利益协调与补贴扶持。政府协调是农户、农民专业合作社与盒马形成信任机制的基础，是盒马村建立的必要条件。农户、农民专业合作社与盒马形成长期稳定的销售关系，有利于降低市场的风险，保障农产品价格稳定盈利。不过，由于各地方市场化发展差异，政府的服务功能也呈现异质性。对于位于贫困山区兼具脱贫攻坚任务的农民专业合作社，尽管通过盒马开拓了销售市场，但发展基础仍然薄弱，仍需要政府通过向农户提供补贴等手段进行扶持。比如，四川省凉山彝族自治州美姑县黑山羊盒马村的案例。由于经济基础较薄弱、地理条件较苛刻和市场发展程度较低，该村打造山区特色数字农业化还处于初级阶段，因此更加依赖政府的扶持。相反，当农产品逐渐被消费者接受、农产品品质进一步提升，供应链体系逐渐完备时，无须政府过多支持亦能通过市场力量实现“产—供—销”的有效衔接。例如，丹巴玉知禾农业有限公司与盒马共同打造的“高山鲜”“Baby 菜”等中高端蔬菜品牌，被市场上目标消费者广泛接受，依赖市场就可以完全实现盈利。

10.5　山东寿光：对传统农业的数字化改造

10.5.1　山东寿光智慧农业发展概况

山东省寿光市是“中国蔬菜之乡”，设施蔬菜种植面积 60 万亩，年产蔬菜 450 万吨。近年，寿光市以建设智慧农业为目标，大力实施“互联网＋”行动，积极推进物联网、大数据、空间信息、移动互联等信息技术的融合与应用，为现代农业发展提供了强有力支撑，被认定为全国农业农村信息化示范基地。2017 年，全市智慧农业投资约计 6.7 亿元。在信息基础建设方面，实现村村通光纤，市、镇、村 3G 网络全覆盖、4G 网络基本全覆盖，互联网用户达 105.6 万户，无线上网用户达 79.6 万，互联网普及率达到 91%，为智慧农业发展奠定了良好的基础（张茂海，康晓颖，孙志刚，等，2018b）。

10.5.2　主要做法

1. 大力发展物联网、人工智能技术

近年，寿光市积极开发、推广物联网和人工智能技术，在温室环境调控、集约化育苗、生产过程管理等方面，实现数字化、智能化管控，有效减轻劳动强度、提高生产效率和蔬菜品质。

（1）积极推进物联网技术基地建设。目前，全市水肥一体化（微喷自动化和滴灌自动化）推广面积 12.6 万亩，有 230 余处基地园区应用了物联网智能管控设备，智能管控大棚 1.6 万个。如寿光蔬菜产业控股集团有限公司蔬菜园区建设了 10 000 米^2 的智慧蔬菜温室，安置了土壤水分、电导率、土壤温度一体化多参数感知设备，空气温湿度、太阳辐射、二氧化碳一体化多参数感知设备，温室环境控制装置，水肥智能控制，一体化无线网络传输等系列设备。通过系列物联网技术应用，基本实现了蔬菜园区标准化生产的集中管控和自动控制，大幅度提高了劳动生产率和蔬菜质量品质。园区每亩增产 650 千克，产量提高 5.4%，亩成本降低 2 410 元，占总成本的 11.8%；亩增经济效益达 4 197.5元。在纪台镇玉皇庙村园区，推广应用了“复合基质栽培种植模式”，应用物联网技术，融合国际领先水平的水养合螯合元素技术，系统控制大棚墙体负离子发生设备、地膜杀菌保温增氧设备、臭氧系统、水肥一体化设施等，通过信息化监控预警系统对蔬菜生长实行全天监管，大大改善了植物的生长环境，增强了植物的光合作用，减少了植物病害。该项技术的应用，有效促进了化肥农药的减量增效。以 100 米^2 大棚为例，仅肥料投入，由原来每年的 9 000 元，减少到现在的 6 000 元，蔬菜增产 3.2%。在稻田镇崔西村、上口镇王留营村基地，推广了基于 4G 移动互联技术的物联网种植智能化管理系统，该系统通过移动互联网接入，所有设备与采用云计算的农业物联网相连，温室环境自动调控，水肥自动管理，农民还可以通过终端 App，依照大数据和云计算系统给出的管理方案，实现蔬菜生产的人工调控，大大提高了劳动生产率。

（2）加强物联网技术开发和设备改造。为推进先进适用的物联网技术和设备的落地应用，寿光市先后联合了凤岐创业、海芯华夏、云洋技术、圣大管业、上海洲涛等物联网及信息技术公司，结合寿光蔬菜产业发展需求，在深入调研的基础上，研制开发了一系列技术先进、性能稳定、简便高效的物联网设备，如温室宝宝、大棚小喇叭、水肥一体化净水磁化设备、高感知传感器、高效无线传输、高精准定位等设备和技术，有效提高了大棚物联网系统的稳定性和数据采集的准确度，降低了用户成本，进一步加快了物联网技术的普及推广（张茂海，康晓颖，孙志刚，等，2018b）。

2. 大力推进农业智慧监管与服务

（1）建设寿光市农业智慧监管与服务公共平台。积极推进大数据、云服务在农业全产业链的应用，开发建设了寿光市农业智慧监管服务公共平台，利用互联网技术和现代信息技术（孙志刚，张璇，孙丽英，等，2018），对全市 14 万个蔬菜大棚、5 000 个土壤检测、1 556 处农资经营店、农产品物流园、1 020 家蔬菜市场、21 家三品基地、6 家大型超市（市场）和 15 处镇街检测室的种植、交易、追溯、检测信息进行自动采集和数据化管理、分析、应用，实现了产前、产中、产后的全程监控，打造了“流通千万里、追溯零距离”的高效透明监管模式。一是种植数据模块。将全部蔬菜的种植户、所在村、品种、产量等信息进行采集，同时用 GIS 系统进行地理信息标注，实现蔬菜种植数据的实时查询和所有蔬菜大棚的快速定位。二是蔬菜交易数据模块。开发蔬菜质量追溯手机 App，将全部蔬菜交易信息（包括交易市场、农户、品种、质量检测等）进行自动采集，打印追溯二维码加贴在蔬菜包装箱，实现蔬菜交易数据的实时监控和追溯。种植数据和交易数据相辅相成，闭环管理。三是农药交易数据模块。开发农药监管系统，对每种农药产品赋予追溯码，各农资店通过扫码销售，实现全程农药交易电子信息（包括农资店、购买农户者、时间、产品名称、数量等）自动上传，销售的每种农药产品的来源、去向均实现可追溯；不可追溯产品无法扫码销售，从而实现了农药全程可追溯的信息管理。同时为经销商和农资店解决产品告知、审批备案、进销货台账、库存管理等问题。四是蔬菜质量检测和追溯数据模块。以镇、超市、三品基地和蔬菜市场检测室为单位，对镇级蔬菜抽检数据和生产经营单位的每批次蔬菜自检数据进行自动采集，实现对全市蔬菜质量检测数据的实时监控。以蔬菜基地、农民专业合作社为单位，对每批次蔬菜产品种植过程中的种子种苗、定植时间、用药、施肥、灌溉、采摘等数据进行采集并生成追溯码，实现蔬菜生产全程追溯。以蔬菜大棚为单位，对蔬菜温室生产环境如温度、湿度、光照等数据进行自动采集、分析，实现水肥一体化、自动放风、补光等智能控制，降低劳动强度，同时累积不同作物品种的智能化生产标准数据，为全市农业智能化生产和自动控制提供指导和技术支持。五是土壤数据模块，采集农作物种植区的5 000个土壤样品进行检测，做了地图标注，并为种植户量身打造了施肥方案，种植户选择所在镇、村，品种，输入产量，就可以得到自己的施肥建议。通过该模块可以准确掌握寿光市耕地土壤的养分含量、pH值等情况，及时制定有效的土壤改良和施肥方案，提高农民的科学施肥水平。六是农产品质量安全信用体系模块。该模块对种植户、交易市场和农资门店进行了信用评级，实现了对涉及农产品质量安全各类主体的分级评价与监控，有效提升农产品质量安全风险防控水平。七是寿光蔬菜GAP标准模块。该模块是中国质量认证中心和德国拜耳集团联合寿光农业专家，将GAP标准与寿光市蔬菜产业结合，制定而成的标准规范。通过在全市推广该规范，可以提升寿光市蔬菜品质，加快与国际市场接轨。八是惠农App。利用手机App，农户可以通过聊天、图片、视频等模式实时与当地农业农村局专家互动交流，及时解决农业技术难题。政府既可以通过App向农户提供通知公告，技术、气象等信息，还可以将平台采集的蔬菜种植、检测和交易记录、农投品购买记录、土壤检测数据及施肥方案、GAP标准、信用评价等数据信息推送给农户。农户还可以将自己的产品推送到“寿诚优蔬”区域进行展示，消费者可以电话订购产品，从而架起消费者和农户的沟通信任桥梁。九是蔬菜标准化技术信息数据库模块。该数据库收录了1 200个蔬菜优良品种，收集了选种、育苗及收获等各个生产环节的5万多条技术信息和2万多幅图片。通过蔬菜标准化生产技术信息数据库，为菜农提供标准化生产技术信息服务（张茂海，康晓颖，孙志刚，等，2018a）（图10-2）。

（2）建设中国寿光蔬菜视频云校。为更好地推广蔬菜技术，推动乡村振兴，2018年以来，寿光市重点开发建设中国寿光视频云校。利用云播技术，实现课件点播、线上直播、远程诊断、实时互动等功能。让农业专家依托云技术，指导农业生产的全过程，实现与农民的常态化对接、面对面指导、零距离

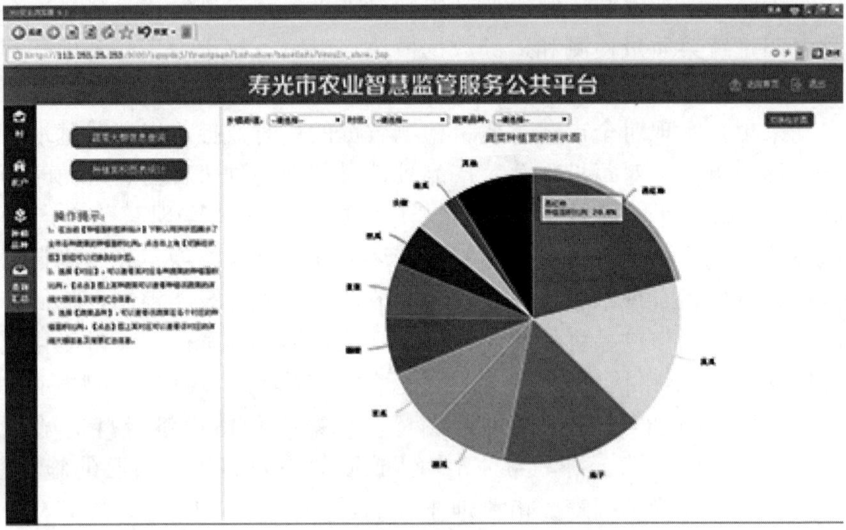

图 10-2 寿光市农业智慧监管服务公共平台

服务，把寿光先进的蔬菜生产技术推向全国（张茂海，康晓颖，孙志刚，等，2018b）（图 10-3）。

图 10-3 寿光蔬菜视频云校

（3）建设全国蔬菜大数据中心。为扩大农业大数据的覆盖范围，寿光市结合全国蔬菜质量标准中心建设，与贵澳集团和凤岐创业联合开发建设全国蔬菜大数据中心。当前，已开发完成了农业大数据集成版，在全国设施蔬菜产区推广应用，通过分布式系统采集数据，统一传输到寿光市的全国蔬菜大数据平台，供平台分析应用。同时，将寿光市在全国各地建设的蔬菜园区、基地，统一纳入大数据平台采集系统，形成覆盖全国的蔬菜大数据中心（张茂海，康晓颖，孙志刚，等，2018b）。

（4）开发区块链农产品质量追溯平台。在覆盖全市的农产品质量二维码追溯基础上，应用物联网、云计算、溯源和区块链等技术，开发区块链追溯系统，使农产品生产、加工、运输、交易等一系列环节信息上链，实现全流程追溯。依托区块链技术的保障，农产品每条信息都是特有的，且附有各主体的数字签名和时间戳，保证上链信息的不可篡改和真实可靠，供消费者查询和校验，让消费者更加清晰地了解农产品全流程信息。通过该平台可实现为农户、经销商提供原产地直销认证服务；为第三方检测机构提供基于云端的检测支持服务；通过智能数据分析，为农业生产提供精准化的种植管理技术支持；为农产品质量监管和产业规划提供信息与数据支撑（张茂海，康晓颖，孙志刚，等，2018b）。

3. 农业电子商务激发智慧农业活力

（1）加强农业电子商务平台建设。一是建设寿光市生鲜溯源交易平台。立足农产品网上交易与质量追溯，利用信息技术，开展农产品产销对接、订单交易，全程架入质量监管与追溯系统，通过准入机制、溯源机制、检测机制、信用机制等，实现从农田到餐桌的全方位监管，确保通过平台交易的每一件农产品质量安全。该平台于 2017 年 4 月上线运营，率先在寿光市教育系统应用，学校食堂所需的生鲜农产品通过平台集中采购和供应，目前覆盖全市 90 多家农产品采购商和供货商、多个学校食堂。下一步，寿光市将进一步打造辐射全国的优质放心农产品交易平台。二是优化仓圣网蔬菜生鲜交易平台。2016 年 10 月，仓圣网蔬菜生鲜交易平台全面改版上线，建设全国性开展服务的 B2B2C 平台模式，全力打造寿光本地样板，实践探索模式的更多可能性。目前自有配送车辆 6 台，团队成员 12 人，600 米^2 配送中心，寿光本地现有便利店客户 60 家、食堂餐饮客户 60 家。2018 年深入优化现行供应体系，向全省、全国市场推进布局。三是推进蔬菜种苗电商平台建设。引导新世纪种苗、鲁寿种业建立种子种苗网络交易平台，实现从订苗到配发全流程网上服务；下一步，将依托现代农业高新技术集成示范区建设，打造全国最大、年繁育能力达 3 亿株的标准化种苗园区，吸引国内领先种子种苗公司入驻，组建蔬菜种苗交易平台，打造全国蔬菜种子种苗线上交易中心。四是推进农资电商平台建设。东方誉源公司根据寿光蔬菜发展情况开发了“种好地”App，大地宏琳与诺普信合作“田田圈”，实现手机农业技术服务和农资销售相结合（孙志刚，张璇，孙丽英，等，2018）。

（2）大力发展智慧型批发市场。积极发展农产品物流园、果菜批发市场两大智慧批发市场，应用电子结算系统、智能交易系统、农产品追溯系统等，推进了农产品产地、交易价格、数量、流向实时可现，质量可控（张茂海，康晓颖，孙志刚，等，2018b）。

（3）推进农产品电商交易。依托寿光市蔬菜产业和发达的物流优势，培育了一批经营蔬菜、种子种苗和阳台蔬菜等为主的新型农业电商企业，目前全市有 5 000 多个蔬菜品种、种苗，200 多种土特产、农特产实现线上销售，日订单量达到 3.2 万份，形成了“小农户”抢占“大市场”“小产品”扭动“大产业”的良好局面。寿光市爱家农业有限公司在京东商城设立寿光特产馆，利用京东商城高端品牌优势，销售各类特产及新鲜果蔬，2017 年交易额达 600 万元。寿光市问天种业有限公司在淘宝网上注册网店，以小菜园与室内阳台种植为主的种植爱好者作为主要客户群，经营销售各种蔬菜种子种苗，实现年交易额 600 万元（孙志刚，张璇，孙丽英，等，2018）。

（4）加快农村电商服务。寿光市率先与阿里巴巴合作“农村淘宝”项目，全国规模最大的“农村淘宝”寿光服务中心已建成投用，并已配套建设了 124 个村级站点。洛城街道携手乐村淘公司，在全部村居建设了电商服务中心，为村民提供电商和政务服务。双王城生态经济园区寇家坞四村、侯镇草碾子村等四个村成为全省首批“电商示范村”（张茂海，康晓颖，孙志刚，等，2018b）。

4. 大力推进农业信息化服务

立足信息化推进农业现代化，大力加强农村信息服务体系建设，建立寿光市农业信息综合服务平台，开发了 6 大信息服务系统，构建起了网站发布、视频互动、热线应答、短信交流、现场指导相结合的农业信息服务体系。为促进信息服务进村入户，解决信息服务“最后一公里”问题，以农村农资经营点为依托，在全市镇、村建立了 320 多个农业信息服务站，全部配置了电脑、摄像头、电话等信息服务设备，统一接入互联网，全天向农民免费开放，服务范围覆盖全市 14 个镇、街道，600 多个村，基本实现了信息服务“村村通”。为丰富服务内容，开发建设了网络视频咨询服务系统，组织了 14 人的视频服务专家团队，每天安排 2 名技术人员在网上提供作物病虫害诊断和技术指导服务，农民在生产中遇到问题，可以随时到村中的信息点或在家中进行网上咨询，坐诊专家通过网络视频传送的图像，能快速、准确地做出诊断，并立即给出防治方法。几年来，先后为农民解决生产技术难题 30 多万个，推广农业生产新技术、新成果 800 多项（张茂海，康晓颖，孙志刚，等，2018b）。

10.5.3 经验及启示

农业信息化的重要标志，是能够用数据说话、用数据分析、用数据决策、用数据创新，用数据创造价值。寿光市积极发展智慧农业，加速对传统农业各领域、各环节的全方位、全角度、全链条的数字化改造，提高农业全要素生产率，真正实现产前、产中和产后的深度融合，推动农业从“规模化、标准化、单一化”向“精细化、定制化、价值化、智能化”方向升级。

1. 物联网实时收集种植数据

在当前万物互联的时代下，推动数字经济和农业农村经济融合发展是大势所趋。物联网在寿光市农业领域应用范围广泛，基于物联网的农业解决方案，通过实时收集并分析现场数据及部署指挥机制的方式，达到提升运营效率、扩大收益、降低损耗的目的。可变速率、精准农业、智能灌溉、智能温室等多种基于物联网的应用推动农业流程改进。从中可以看到物联网科技可用于解决农业领域特有问题，打造基于物联网的智慧农场，实现作物质量和产量双丰收（陈挚，2019）。

2. 大数据、云服务助力决策“数字化”

寿光市万物互联在推动海量设备接入的同时，也在云端生成海量数据，并利用人工智能挖掘这些由物联网产生的大数据中隐藏信息支持农业决策“数字化”，以大数据、云服务为驱动全面提升生产效率。

3. 电子商务助力农产品销售

寿光市将大力发展农村电子商务作为实现动力转换、经济转型的重要抓手（王志远，2020），加强农业电子商务平台建设，大力发展智慧型批发市场，推进农产品电商交易，加快农村电商服务，推进电子商务进农村综合示范（杨建安，2018），农村电子商务已成为打造“双创”新引擎、培育经济新动力、带动农业增效农民增收的重要举措（王志远，2020）。电商依托网络平台进行数字经济发展，促进电商农产品交易成功，数字经济红利得以实现。把电子商务作为农业农村数字经济的突破口、领头羊，对促进农产品稳产保供、扩大消费需求、帮助农民增收的作用将愈加凸显。

4. 农业信息化服务到位

寿光市完善的农业信息服务体系、丰富服务内容以及强力推动开展信息进村入户工程，为农民生产、生活提供及时信息服务，使其能在数字经济时代减小数字差距，分享数字红利。

10.6　江西资溪一亩茶园：智慧农业全产业集成商

10.6.1　公司概况

2012 年，在江西省抚州市资溪县政府的邀约和支持下，资溪一亩茶园有限公司正式成立，先后投资 1 亿多元，开发高标准有机茶园 3 000 多亩。在种植上严格按照“立体生态栽培、物理综合防治、测土配方施有机肥、留草覆盖泉水灌溉、自动化清洁生产和新优品种”的“六新集成技术”进行标准化种植，并采用“不打农药、不施化肥、不使用除草剂、不使用转基因技术、不使用植物生长调节剂”的“五不管理标准”进行标准化管理。一亩茶园现已成为江西省农业产业化龙头企业，产品通过严苛的瑞典 SGS 权威检测，并取得中国、欧盟、美国、日本四重有机认证。一亩茶园目前在全国一、二线城市建有十家有机生活体验馆，以“会员认养”营销模式进行管理，同时门店内设有茶山基地 24 小时溯源视频，让会员直观了解有机茶的前世今生，做到真正的喝放心茶。

10.6.2 主要做法

在“互联网+”时代的大格局之下，一亩茶园于 2015 年提出了“智慧农业全产业集成商”的全新概念，并与国内先进科研单位和院校合作，研发“智慧农业 24 小时可视溯源系统”，这套智慧农业追溯系统通过传感器数据对种植环境进行大数据收集、分析，实现病虫害预警，通过农技知识库指导种植管理和种植、生产、加工过程的标签管理实现溯源监督，弥补了传统农业靠天吃饭、广种薄收的不足。消费者可以通过实时监控了解农事作业，还原作物生长过程，达到安全放心。这一技术手段将打通农业生产、检验、监管和消费各个环节，为一亩茶园的会员提供信任依据，从源头上保障农业生产的有序安全，确保产品从田间到餐桌均有据可查。

为了顺应供给侧改革“以投资拉动为基础、创新驱动为主导、经济效益为归宿”的核心导向，一亩茶园经过 6 个多月的筹备，完成了电商立体布局，包括线上网站和自有商城垂直体系建立，力求在销售有机茶叶的同时，为会员搭建一个完善的农产品增值服务体系。电商团队对平台产品进行甄选、梳理，改变农产品现有落后、凌乱的视觉传达，通过标志设计、广告设计、包装设计等方面整体规划，传达给消费者简洁明了、一致的视觉形象。

2016 年 9 月，一亩茶园微会员系统上线，这套系统对全国门店的现有会员进行统一管理，建立强大的信息储存库，通过会员资料及消费习惯，定制针对性的精准营销活动，有效的积分策略有利于增加会员黏性，同时通过管理系统的便捷支付功能，让会员的消费更加安全可控，这也是一亩茶园针对“互联网+传统茶叶销售”的一次创新尝试。

另一方面，在互联网时代，光从销售渠道拓宽传统茶叶的发展是远远不够的，一亩茶园敏锐捕捉到了买方市场的需求变化，对喜爱喝茶但缺乏泡茶概念的“三新”人群进行消费分析，开发了“智慧茶馆+茶胶囊”的茶叶新品类和新业态，目前产品包括适用于办公室、住家等小空间的“1 平方米智慧茶馆”

和适用于机场、会所等公共场所的“5 平方米智慧茶馆”，如同当年的咖啡机一样，智慧茶馆的亮相带来传统茶叶的一次突破性变革。

在会员增值体系不断完善的过程中，一亩茶园在拓展会员和服务会员的思路上，也在尝试利用互联网思维进行探索和尝试，因此“智慧社区”概念应运而生。“智慧社区”是一亩茶园与物业管理公司合作的创新模式，双方整合各自的优势资源，搭建包括“农创空间”“农业反向 O2O 模式”“社区体验”三大板块的“一站式”社区生活服务平台。

“农创空间”包括网络平台和实体农业众创咖啡。为农业创意、规划设计、智慧农业工程、检验检疫、市场营销等提供低成本、便利化、信息全的一站式服务交流平台，同时也搭建农业创意发布和供需对接的空间，将线上与线下、孵化与投资相结合，助力万众创新，大众营农。“农业反向 O2O 模式”的主要核心是以体验带动消费。传统农产品营销模式，无非分为当街叫卖或者等待代理商田间收货，前者无法保证产品的优质、新鲜，后者极大地压缩了农产品的利润空间。智慧社区“反向 O2O 模式”采用农产品预订制，会员可以获得最新鲜、性价比最高的原产地农产品，同时产地能够按需供应配送，大大降低农产品的库存风险、生产成本和损耗。会员认可产品，就会形成持续消费，进而建立健康、完整的营销模式。反向 O2O 的线下体验活动可以让会员直观了解平台上的农产品，并进行试吃，然后前往线上商城进行购买。“社区体验”则是通过与物业管理公司的合作，建设综合物业管理、生鲜便利购物、第三方服务等功能，实现物业管理从“单一管理”向“综合型、服务型”服务模式的转型，提升物业和社区价值，增进物业和业主沟通，构建和谐邻里智慧型社区。

10.6.3　经验及启示

有机茶山开发＋会员体系建立＋智慧农业溯源系统研发及基地合作＋智慧茶馆产品开发＋智慧社区合作模式的探索尝试，诠释了一亩茶园“智慧农业全产业集成商”的完整诉求，即“互联网＋”思维模式下的现代农业标准化、集约化、高效化和资源共享性。

一亩茶园在智慧农业的发展历程中，通过“云计算、传感网”等现代信息化技术应用到有茶山的农业生产、管理、营销等各个环节，实现可视化管理和互联网化营销，实现年营业额超 7 000 万元，带动村镇农副产品营收 400 多万元，同时一亩茶园精耕细作和标准化管理的成功运作，也提高了资溪当地农民的收入，通过“公司＋基地＋合作社＋农户”的运营模式，每年可解决农村劳动力 300 多户，近 500 人次的季节性用工，人均增收 5 000 元，户均增收达 15 000 多元。

一亩茶园的智慧农业溯源系统目前已有合作基地为江西省宜春市靖安县高

湖镇古楠村生态稻田基地，在谈项目包括浮梁仙芝、遂川深海、黎川船屋等知名茶企，一亩茶园将在合作基地的分类基础上，基于智慧农业溯源系统后台数据，建立农技交流云平台服务，以农业技术咨询服务作为切入点，链接农业专家与生产者，帮助农企解决农业生产问题。在一亩茶园“智慧农业”项目发展计划中，未来还将在资溪投资建立有机观光园区，规划建设有机、绿色农产品深加工、清洗、自动包装生产线，利用超声波技术有效杜绝农残。严格按照国家卫生食品安全生产标准，建设标准无尘生产车间，采用全封闭中央空调，恒温生产，配备高温冷库，选用超声波生产设备，对蔬菜中农药残留进行降解。

“智慧社区”项目是传统农业与社区物业管理的创新合作模式，通过“体验、服务、消费”三个环节为消费者提供优价、优质、优产的安全生鲜产品，形成良性互动，实现可持续经营。通过安全农产品的销售及开放平台的资源共享，建立项目盈利模式。融合优质农产品体验中心（反向 O2O 模式）、农创空间和社区体验等功能，在满足社区居民多元化的需求和农产品购买便利的同时，提升物业管理、服务、安全的效率，这不仅有助于一亩茶园的推广宣传和品牌打造，也对于完善一亩茶园会员增值服务体系提供了更加深厚的认知趋同渠道，将农产品与生活服务的供给侧改革落到实处，将实体社区变成基于大数据的互联网平台，让一亩茶园成为“智慧社区”的服务运营商，这一模式的成功，将对推动“农业由立足农村、服务农村向依托城市、服务城市，从服务农民向服务全体市民延伸”的农业现代化思路提供参考样本。

10.7 河北裕丰京安养殖:“互联网+”养猪场的探索者

10.7.1 公司概况

河北裕丰京安养殖有限公司，占地 3 500 亩，员工 2 000 多人，年出栏生猪 30 万头，总资产 16 亿元，年产值达 30 亿元，是农业产业化国家重点龙头企业。该公司以生猪养殖为依托，目前已实现了养殖、种植、饲料、屠宰、污水处理、无害化处理、有机肥生产、沼气发电、沼气提纯、热电联产十大版块，形成了一、二、三产业紧密融合的循环农业模式。该公司以生猪养殖起步，历经 22 年发展，已经成为中国北方最大的生猪养殖基地，拥有 1 个种公猪站、3 个母猪繁殖场、10 个商品猪育肥场和 1 个年猪特色养殖场，年出栏种猪 8 万头、商品猪 22 万头，2015 年产值达到 2.9 亿元。适应公司发展需求，自 2006 年起，先后建设了生猪养殖网站、“京安冷鲜肉”“京安年猪肉”“京安沼气”微信公众号、京安溯源系统等，应用信息化技术宣传和推广生猪养殖技术等，引领了河北省衡水市安平县生猪产业的蓬勃发展，年出栏生猪达 84 万头。

公司发展到 2014 年，已相继建成了污水处理厂、病死动物无害化处理厂、沼气发电厂、有机肥生产厂等，解决了生猪养殖的环保问题，初步实现了现代化养殖，为公司的可持续发展奠定了基础。为进一步引领现代种植业的发展，该公司计划利用五年时间，建设占地 5.1 万亩的现代农业园区。得益于生猪养殖信息化的实践，该公司把“互联网＋”现代农业的理念落实到了建设农业社会化服务平台上，先后投资 4 500 万元，初步构建起了农资服务平台、农机服务平台、科技服务平台、电子商务服务平台等，引领现代农业向土地适度规模经营、应用新品种新技术、开展农村电子商务等领域进行探索和实践，收到了一定成效。

10.7.2　主要做法

分析当前农业产业的现状。首先，土地零散，不适宜机械化作业。实施家庭联产承包责任制以来 30 余年，农村土地再未进行过大的调整，土地碎块化、零散化非常严重。河北裕丰京安养殖有限公司流转过一方 86 亩的耕地，共涉及 28 户、52 块，正是耕种的极其不便，才促成了土地的流转。效益降低，农民开始撂荒土地。安平县人均耕地 1.5 亩，在不计算人工成本的情况下，种植玉米、小麦亩均效益约 1 000 元，很多农户已经开始一季或两季撂荒土地。其次是粗放耕作，食品安全危机开始显现。农民既没有意愿，也没有能力进行科技投入，只依靠过度施用化肥农药来提高产量，造成残留超标，已经开始引发食品安全危机。其次，土地流转未从根本上转变生产模式。在国家政策的激励下，土地经营权以较快的速度向少数人集中，仅仅经过两年，全县的土地流转率已达 45%。但因为社会化服务体系的不健全，很多农民专业合作社把土地流转过来后，反过来雇用农民为自己种地，农民按时上下班、定量拿工资，经常出现出工不出力、出力不出主意等情况，造成土地产出效益降低，人工管理成本增高。

随后分析发展现代农业必须解决的问题。首先是规模与效率的问题。当前生产力条件下，大田作物的耕种收已能实现机械化，但喷药、除草、浇水等田间管理环节还需人工操作，而这也决定了规模化的程度。以安平县为例，一户两个劳力的家庭，在不雇工的情况下，只能经营 30～50 亩土地。这样的规模仍然限制着大型农业机械的应用。其次是数量和质量的问题。在当前条件下，亩产继续提高的空间已经不大了，谁能把农民组织起来，推广新品种、应用新技术，以提高农产品质量，已成为急需破解的难题。再次是成本与效益的问题。大型农机具、喷滴灌设施等，成本太高；粮食产出效益又太低。如何降低成本、提高效益是一个很现实的问题。

基于对上述问题的思考，该公司提出“打造社会化服务平台，一揽子解决所有问题”的宏大目标。通过建立利益联结机制，推进“互联网＋管理服务”。由农户自主流转土地，降低流转成本；公司提供除人工管理以外的农资服务、农机服务、科技服务、金融服务、销售服务、仓储服务、加工服务等，收获后的纯利润按 9∶1 分成，农户得 90％。目前，该公司已与 428 户农民、家庭农场、农民专业合作社签署了服务协议，服务土地面积达 2.1 万亩。为加强农户的管理服务，公司投资 2 000 余万元，搭建了客户管理服务平台，每个农户均可通过电脑客户端、热线电话、手机短信等方式，申请相关服务；平台自动匹配就近服务队开展服务。

公司投资 500 多万元，自购大型农机具 4 台，装配有自动测距、自动整平等信息技术装备，以引领农机应用方向；与富饶、沃丰、农雨等农机联合社结成联盟，拥有农机具 200 多台套，通过京安农机服务平台调度，可就近开展各类农机服务。通过建立合作社联合社，推进“农村电子商务服务”。依托 428 家合作农户，成立京安合作社联合社，搭建了“大丰收”助农网，大力开展农村电子商务，促进工业品下乡和农产品进城。通过统购分销，为农户提供化肥、种子、农药等农资，降低生产成本；通过团购拼单，为农户提供各类生产生活用品，提高生活品质。建设了农产品检验检测站，组建了农产品品牌研发推广团队，为农户生产的绿色、无公害、有机农产品进行包装、宣传、销售，提高产出效益。

公司建立数据库，推进“互联网＋科技服务”。该公司与中国农业科学院、北京市农林科学院、河北农业大学等 8 家国内科研院校，建有长期稳定的合作关系，摄制、集成、整理了海量的农业信息数据，搭建了专家热线、视频诊断、手机课堂等应用系统，进行农业科技推广。建立电子档案，推进“互联网＋溯源服务”。依托县地理空间信息系统，建立耕地电子档案，全程追踪记录耕种管收生产全过程，应用新华网溯源系统，初步实现了“京安年猪肉”“安平白山药”等农产品的二维码溯源。

10.7.3 经验与启示

农村闭塞、农民分散，导致农业生产的盲目跟风，是上述农业问题产生的重要原因。因此，引入第三方服务，是现代农业发展的必然结果。农协、农会可以充当组织农民、引领农业的第三方，但受制于资金、技术，往往难以发挥作用。引入大型农业龙头企业充当第三方，可以自下而上地改良农协、农会，真正把农民组织起来。

农业生产受气候、土壤、水质、市场、耕种习惯等诸多因素影响，平台服务越细致、越有针对性，农产品的产量和质量才有保障。只有真正静下心来，以农民的需求为导向，多做一些哪怕很细微、但一定要接地气的改变，才能一点一滴地提升平台的服务能力，才能真正组织和引导农民发展现代农业。

企业应该使用互联网思维和互联网技术，才能做大农业社会化服务平台。互联网本身即有社会化的属性，“互联网＋”本身就代表着合作的属性。农业作为保障粮食安全的基础产业，必须保持平稳的发展，不会有太大的利润空间。这就要求做社会化服务平台的企业、组织，既要有合作共赢的理念，更要有农户至上和奉献的精神。

10.8　北京金禾天成：农业数字化的推进者

10.8.1　公司概况

北京金禾天成科技有限公司是国家级高新技术企业，注册资本 1 000 万元人民币，是中国领先的农业大数据、物联网技术与应用服务商，在农业大数据管理和挖掘、信息检索和中文语义识别、农业物联网等方面拥有国内外领先的自主核心技术，并完美应用于农作物病虫害预警、种植生产决策支持、农业科技、人工智能应答、专家知识库、大数据驱动的咨询服务等。先后获得 21 项国家计算机软件著作权和 3 项技术专利。获得过全国农牧渔业丰收奖一等奖、上海市科学技术奖三等奖、2015 年贵州罗甸火龙果一等奖等荣誉。

该公司在国内率先将大数据、物联网技术创新性地应用于农业种植生产实践中，近三年累计投入研发资金近千万元人民币。在贵州省黔南布依族苗族自治州罗甸县建立火龙果标准化种植示范基地 200 亩，河北省张家口市沽源县建立马铃薯标准化种植基地 6 000 余亩。累计投入资金约 4 000 万元人民币。通过基地示范推广标准化种植模式，实现服务当地种植面积万亩以上；并在罗甸县推进火龙果产销联盟的建立，带动罗甸、望谟、贞丰等地火龙果种植大户与渠道进行对接。

10.8.2　主要做法

由于种植条件适宜，贵州火龙果在品质上相对其他产区更有优势，政府大力扶持配套措施建设，目前贵州火龙果产业已初具规模。影响火龙果产业加快发展的主要问题是：由于信息传播不对称和农产品安全意识提高，高品质的贵州火龙果无法得到销售渠道和消费者“食用安全、供应稳定、品质优良”的差异化认可，销量和价格增长难度较大。

根据基地自然条件，选择以色列滴灌设备，实现灌溉施肥自动化控制。在基地部署农田气象设备、土壤墒情采集设备、田间图像自动采集设备等物联网数据采集终端。通过以上物联网设备的部署，大大提高了基地种植的自动化程度，实现了种植手段及基地自然环境数据采集的自动化。为标准化种植指导和决策提供数据支撑。采用移动式传感器，在种植区域选择标本，进行监测，测定植株的生理变化参数，设备数据通过物联网管理平台进行统一管理，集中监测农作物的生长状态，动态调节水、肥、气等种植手段。监测的内容包含：果实硬度、糖分、叶片营养状态、叶绿素、叶片面积、厚度、光合作用等。

该公司通过农技专家、资深种植户不断完善迭代，形成体系化的标准种植知识库，通过微信、App、Web网站等多种形式展现，多源挖掘农业种植知识，根据作物品种、地域等，将种植技术编撰成种植手册。通过对种植环境数据（气候、土壤等）进行分析，制定符合本地的种植方案。将农业科技成果和生产实践经验相结合，制成文字简明、通俗易懂、逻辑严谨、便于操作的技术标准和管理标准；在生产实践中对种、药、肥、农机具、雇佣人员等进行严格高效的信息化管理和流程管控，以生产出优质、标准、高产的农产品，帮助农民增收，保护生态环境，实现可持续发展。面向利用“互联网+”技术，结合现有农技专家资源，通过建立专家库、病虫害知识库、标准化种植库，打造农技专家云服务平台，为农户提供更加快捷、高效、成本低的种植服务。

通过工具软件帮助种植者对生产作业进行完整记录，对种植基地的人、财、物及种植过程提供简单便捷的电子化管理。其中种植过程采用图片+文字描述的方式予以记录，种植者可将此部分资料形成可发布的生产日志，用于基地宣传或可信种植溯源。可信种植溯源将基地管理过程中记录的生产日志及基地物联网自动化采集设备相结合，将生产日志中的种、苗、肥、药、地、人等信息展现，让公众一眼就能看明白“哪来的种、施的什么肥、打的什么药、在哪块地种的、谁负责种的”，帮助销售渠道和最终消费者认识农产品生产过程的可靠性，增加其对生产者和农产品的信任度、互动频度，创造销售机会。在可信溯源展示平台的基础上，将被展示的农产品通过自有电商平台销售。可信种植溯源体系可以将信息透明公开，在种植者和消费者间形成高度信任感，使得该平台上展示及销售的农产品的可信度、接受度、美誉度得以大大提升，相较其他同类农产品的价值会更高。

由于种植产出结果与市场需求间存在着很大的差距，缺乏统一的标准，导致种植户种出的大量产品无法被市场接受，价值被严重低估。该公司通过对传统零售渠道、批发渠道及大型电商渠道的调研，梳理并形成符合市场需求的果品分类、包装、运输等标准，指导种植户对接市场和渠道。公司在示范基地配备了自动化清洗、消毒、分拣设备，建立了火龙果标准化冷库。根据市场需求的果品分类等标准进行分拣，大大提高了基地的工作效率。同时，为周边种植户提供资源共享的服务，提升了本地区整体的产业化水平。在罗甸县政府的大力支持下，公司联合周边的种植大户成立了火龙果产业协会，致力于火龙果标准化种植模式的推广以及产销对接工作。在公司的努力下，将罗甸火龙果与百果园、优食管家、本来生活、京东等渠道实现对接，带动当地火龙果产品销售与品牌打造，并将此模式在望谟、贞丰等地推广，打造产业区域规模效应。

10.8.3 经验与启示

火龙果标准化可信种植从农业供给侧入手实现火龙果产业升级，创新性地打造“食用安全、供应稳定、品质优良”的差异化优势，促进销量和价格双提升，解决了种植户“如何种、怎么卖”的问题。主要包括：①实现了农业标准化生产模式创新，让种植生产过程向工业生产过程看齐，实现“农业4.0”，将种植生产过程进行规范化管理、流水线式的改进，以提升生产效率，保障生产质量可控，保证农产品安全。②把大数据、物联网、农作物种植等内容、技术、平台进行整合，利用气象、土壤等数据，结合相应作物生长模型、病虫害预警模型，通过信息化技术进行模型自动实现、数据自动导入分析、预警结果自动推送。③新型溯源服务让销售渠道和消费者直接获得种植生产过程的第一手资料；种植者依托科学化的种植管理方式和新型设备，自主或自动产生溯源信息，避免中间环节产生的问题。同时，将溯源服务应用于销售领域，解决农产品销售环节中获得消费者信任的问题。④梳理并形成符合市场需求的果品产品化标准用于指导种植户。⑤建立火龙果产销联盟，带动区域发展。

短短6年，贵州火龙果种植异军突起，种植面积发展到10.5万亩，其中罗甸县种植面积已超过6万亩，占贵州火龙果种植产业的半壁江山。但是囿于传统种植模式，产量低、品质不稳定，销售价格较低，广大种植户的经济收入增长慢。通过标准化生产示范基地的建设，带动辐射周边地区的种植者严格按照火龙果生产标准要求，树立品牌和质量意识，品质优良和供应稳定带来销量和价格提高，给项目区和周边辐射区的广大种植户带来巨大的经济收入，仅给项目所在乡镇农民直接增收达到200万元以上。通过建设高标准的贵州红心火龙果示范基地，树立规范种植和科技种植标杆，遏制火龙果种植生产过程中过度施肥施药的现象，保护生态环境，具有极大的生态效益。建立罗甸火龙果的产销联盟，形成了符合市场需求的果品分类、包装、运输标准，并引入国内多家大型果品销售渠道，带领罗甸火龙果走出贵州，走向全国。

10.9 北京中优农：利用虚拟现实技术推广普洱高原特色农产品

10.9.1 基本情况

利用虚拟现实（VR）技术推广普洱高原特色农产品项目由中优农科技有限公司实施。该公司成立于2013年，注册资金5 000万元，是由多个长期从事高端信息化行业的机构共同成立的民营新型信息科技公司。公司主要业务范围包括：技术开发、技术咨询、技术服务；计算机系统服务；企业网络品牌分析及提升、虚拟现实构建。

公司围绕客户核心需求，利用国内外基于数据的先进信息化技术、品质管控技术、品牌打造技术建立服务体系，制定有效解决方案，帮助客户实现经营与生产的高效率、高利润。所用的方法及工具包括基于数据的软件开发、数据挖掘、决策分析、网络营销、虚拟现实等系统。

公司以具有多年海外工作经历的高管和在国际科技领域掌握了先进技术的团队为支撑，与同行业相比，具有极大的技术优势。目前，公司已自主研发了“优质农产品信任系统”“网络营销分析推广系统”“品牌评级及提升系统”“三维虚拟现实功能平台”等产品，服务于政府、企业及消费者。目前公司的业务稳步拓展，业务范围遍及北京、上海、广东、湖北、四川、重庆等地。

利用虚拟现实（VR）技术推广普洱高原特色农产品项目是在利用“优质农产品信任系统”基础上，将具有高原特色的云南省普洱市的众多优质农产品及其基本信息、质量追溯信息、农产品展厅等通过数据采集、数据分析、三维建模、场景模拟等技术，构建在虚拟空间，实现三维视觉呈现，增强产品的真实感，增加推广效果。

10.9.2 主要做法

该项目以虚拟现实为核心，将实体交易的机制与三维虚拟现实技术相结合。

（1）提升交易体验。在充分融入普洱高原农产品特色，以及互联网交互特色的基础上，实现相对保守的农产品交易行业与前沿科技发展相结合，将交易变成一个服务于商业营销以及品牌建设的利器。虚拟现实特有的“身临其境”般的感官效果，是其他技术难以相比的。

（2）跨越时空界限。该项目构建三维虚拟现实展示场景，让全国（乃至全世界）消费者能够跨越时空体验普洱农产品，感官体验近乎实地实体体验，此外该项目将提供商业共通平台，使企业得以迅速在虚拟现实环境中执行销售、推广等工作。

（3）突破空间限制。虚拟空间具有无限放大，不受空间限制的特点。线上虚拟空间访问者所见到的是直接反映了实体店里的商品，以三维物件存在，反映了实物的颜色、光泽、表面质地等。有的是虚拟商品，则完全是系统生成的，店中并没陈列实例。这两种虚拟商品，都可以让顾客通过 VR 技术“拿起来”观看、摆弄，还可以轻易点出链接的各种信息。

10.9.3 经验与启示

通过虚拟现实系统，达到了对普洱农产品、农业的真实、贴近、逼真、亲近的实时体验，这是其他任何方法无法做到的。实证科学一再证明：越切身体验到，就越熟悉、越信任。

三维虚拟现实系统可以做到以往无法想象的互动，这是个展示、体验产品的有效方式，因此也是销售的利器。该系统带来的最直接的体感是生理及心理上的直接接触，对消费者购买决策有着直接影响。

以往只有实体的物理场景能达到这种效果，现在以科技的方法，以三维体感虚拟现实，可以从远距离自动达到。立体沉浸式全象位的体验，其所含的信息量及种类，远比传统的单象位二维（或一维）信息丰富，天生是收取各种有形无形信息的有利环境，这也是以往无法做到，甚至无法想象的。

三维虚拟现实体验及交互是提升品牌价值的全新科技、全新理念，它以低成本、高回收方式将农产品品牌、企业经营理念推送到多区域、多阶层、多形态，包括传统媒体不易进入的领域。这为普洱市达到了提升宣传力度，增加参与趣味性，打破现实展示的局限性。

这是一个重要的、独特的提升农产品品牌价值的方式，也是建立品牌信任的有效方式，为普洱农产品达成了广泛而有效的销售、品牌、信任效应（注：案例根据网络资料整理）。

第十一章　国外农业数字经济应用案例分析

11.1　美国孟山都：全域数字农业平台

11.1.1　公司简介

孟山都公司是一家跨国农业公司，在全球多个国家和地区设有分支机构，拥有员工数万人。生产包括玉米、大豆和棉花等主要农作物以及果蔬种子。孟山都子公司环境公司融合了数字技术，为农民提供数字农业解决方案。公司的环境全域数字农业平台整合了田间数据传输、农艺模型、天气监测功能，可以更好地帮助农民掌握农田信息，提供更合理的流程，帮助他们建立农业信息的可视化。巴西已经成为环境公司农业技术发展的中心，这些技术帮助农民有效管理自己的农田，并通过风险数据分析提高了生产力。巴西农民可以通过自己的账户在一个统一的平台中获得相关数据，从而生成特定的大田作物表现信息。

11.1.2　主要做法

通过接入由植物检测（checkplant）提供的产品农用盒（farmbox），用户可以通过大田监测和实时作物风险管理进行离线工作。埃格罗系统（Aegro）可以指导谷物的种植、登记、地形绘制和农业活动分析，用户可获得成本、产量和利润方面的建议。伊布拉系统（IBRA）可以通过作物和土壤分析，对农民做出作物特性建议，从而提高产量。公司的环境全域数字农业平台，将公司已有的产品无缝整合，并且加入新的解决方案，使农业数据对农民真正产生价值。环境全域数字农业平台整合了农民的田间数据与实时的以及过往的土壤、作物和气候数据，以帮助他们有效地管理并对他们的农田有更深入的了解。2016 年，环境公司全域数字农业平台还加入了将田间数据无缝链接到云端的新选项。

2017 年 1 月，环境公司发布了目前全球数字农业领域最深入的产品研发线，分享了公司超过 35 项最新研发项目。在数字农业领域，环境公司致力于运用自身优势帮助农民提高产量。影响农田产量的因素很多，环境公司主要从以下几个方面来为农民提供科学的数据分析建议。

（1）肥料管理。自定义肥料施用方案（包括氮、磷、钾、石灰）。这项方案是环境公司为农民打造全方位肥料管理的重要组成部分。通过自定义肥料施用方案，农民能够更加灵活地定制符合自身经营条件和预期的氮、磷、钾和石灰等肥料的施用计划，节省时间，优化资源投入，提高生产力。

（2）选种和播种。新一代加强版播种方案。现有的播种方案基于农民的历史收获数据及田间测试数据为农民提供定制的播种建议。2018 年，环境公司利用来自田间作物健康服务的成像技术为新一代播种方案提供支持，使得加强版的播种方案服务能够覆盖美国玉米种植面积的 80％。

（3）农田生产建议。玉米病害诊断和确定，环境公司正利用人工智能（AI），在农田中即时寻找和确认玉米疾病信息。此外，随着更多的玉米病害信息被收录到环境公司平台数据库中，农民将获得病害管理建议，帮助他们保护作物产量，避免生产季中的减产威胁。

环境公司的全域数字农业平台还提供以下功能。

（1）产量分析工具。环境公司的种子生长表现与分析工具可帮助农民了解、分析田间测试情况，并给出相应的建议，并在下一种植季进行应用，优化农田管理。此外，借助先进的绘图和笔记工具，农民可记录、保存农田产量报告，随后可对农田中任意指定区域进行分析，以更好地了解田间表现。

（2）扩展平台与设备间的数据互联。通过与不同种类、多家生产商提供的、多种型号设备的互联，更多的农民将实现数据的集中收集，在整个生长季中，他们可以轻松收集田间数据，优化农田投入。随着设备兼容性地扩展，全域数字农业平台驱动器将与美国大部分的播种机和 65％的联合收割机实现互联，将田间数据直接传送到全域数字农业平台。

为了让更多农民体验到全域数字农业平台的优势，环境公司还将进一步扩展全域数字农业平台驱动器与无水喷药器和空中播种设备间的数据连接。此外，通过自动从约翰·迪尔（John Deere）运行中心获取数据，农民可获取个人账户中播种和收获相关数据，并将信息直接传送到全域数字农业平台，大大简化了数据的集中收集。

11.1.3　经验与启示

农业生产受气候、土壤、水质、耕种习惯等诸多因素影响，环境公司通过分析已掌握的海量数据，包括气象、天气、降雨、地质土壤调查数据等，来预测未来可能对农业生产造成破坏的各种情况，帮助农民预测作物产量，农民可以根据预测情况选择相应的农业保险，以降低气候环境对农业生产带来的影响（《甘肃农业》编辑部，2017）。

通过农业海量数据来提升农业的价值，在中国的发展空间很大，有很多地方可以开发和借鉴环境公司全域数字农业平台。目前，我国很多企业在农村开展了数字农业的探索，包括农产品上行交易平台、网货下乡、农资电商、农村小额信贷等，都会强调“大数据”在业务中的应用，指导农民按需供应，实现交易精确匹配等。但有关农业种植领域，目前“高科技＋大数据”时代还没有普及。因此，对于广大创业公司而言，在紧盯“农村电商”机会的同时，强化数据互联，帮助农民更好地利用数据，管理农田变量，优化资源投入、提高产出和收益，帮助农民通过应用农田和气候数据科学改善农耕模式保护自然资源，提升农业经济，是一种值得尝试的途径。

11.2 德国拜耳：业内领先的数字农业解决方案

11.2.1 公司简介

作为全球农业企业巨头，拜耳公司在数字化农业方面颇有建树，在北美、南美和欧洲，拜耳以旗下气候公司为核心，通过数字技术为种植者提供播种、施肥、打药、灌溉、收获等种植全过程的智能决策支持。

11.2.2 主要做法

（1）推出业内领先的数字农业解决方案。气候公司（Climate Corporation）推出了业内领先的 Climate FieldView 平台，该平台可以跟踪种植时的种子密度率和收获时的产量，并发现潜在问题。2018 年，气候公司开始与三家位于加拿大的农业技术公司 SoilOptix、A&L Canada Laboratories 和 AgCon Aerial 的合作，向农民推出功能强大的数字农业解决方案，通过数字技术为种植者提供播种、施肥、打药、灌溉、收获等涉及种植业全流程的智能决策支持。自 2015 年商业化上市起，该平台已成为业内连接最为广泛数字平台，全球付费使用面积已超 5.4 亿亩，并且全球用户数量还在不断增长（图 11－1）。

针对不同市场的状况，拜耳作物科学对于数字化农业的实践模式也呈现多样化。在中国，柑橘等种植户面临的迫切问题是“优质优价”，这不仅仅包括种植环节的技术改善，更意味着要让整个种植过程透明化，并在营销、物流和金融等环节获得更多支持。因此，拜耳选择与在中国具有领先地位的蚂蚁金服进行合作，构建农业区块链和价值链，而不是仅仅在种植环节提供改善。2019 年 9 月，拜耳与蚂蚁区块链达成战略合作。拜耳将提供作物科学优势技术及产品资源，蚂蚁区块链负责提供区块链技术、溯源技术及营销、物流、金融等相关资源，与拜耳共同建设农业“新双链”——区块链与价值链新生态。蚂蚁区块链提供的农业相关溯源不只是传统意义上的商品溯源，可确保种子、农药等农资真实可追溯，还包括全产业链关键节点数据的获取、校验以及不可篡改。上链之后可实现农户的生产过程数据化和资产化，蚂蚁区块链还可以借助整个

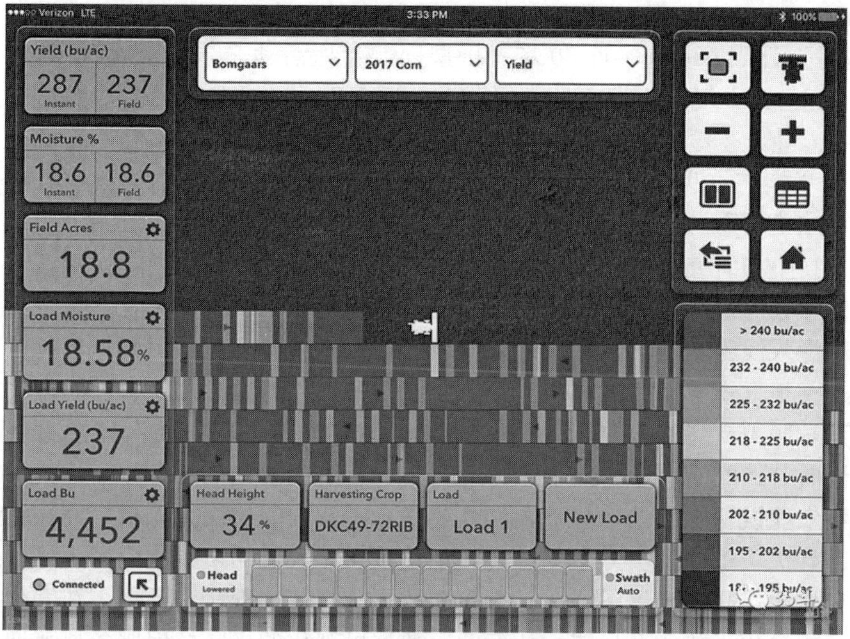

图 11-1　数据收集示例

来源：Climate FieldView 官网

阿里巴巴的生态力量，为拜耳生物科技下游的公司提供销售、信贷等全方位的服务。

拜耳还与首农食品集团合作数字化项目，在大田作物领域探索种植数字化指导及农场数字化管理，拟通过“首农—拜耳示范农场”探索数字农业及精准农业技术应用，制定因地制宜的技术方案，共同组织落地实施，同时引入国际农业可持续发展最新理念、标准、技术和实践，促进绿色发展新理念、新技术、新模式的传播与落地，合力打造农业提质增效和绿色环保的现代农业示范平台。

（2）数字化营销助力乡村振兴。2020 年是中国脱贫攻坚战收官之年，拜耳相信，在此关键之年及未来发展中，农业的重要地位将延续。拜耳致力于引领创新绿色农业，助力乡村振兴。作为创新绿色农业引领者，拜耳持续响应中国号召，发挥在农业科技创新方面的优势，为保障农业生产、保障粮食安全、增加农民收入贡献力量。

2020 年春耕期间，恰是特殊时期，正常的农技培训无法像往常一样集中开展，拜耳就通过在线培训新模式，从规模化种植到小农户，让农技知识通过网络直达更多种植者，为春耕生产带来及时、精准的技术赋能（江维，2020）。

从 2020 年之初到 5 月，拜耳通过为中国种植者打造的专属农技交流平台——“悦农堂”计划并实施了近 50 场全国层面的直播活动，涉及 18 种作物，累计开展超过 1 400 场地区层面的直播活动、近 1 700 场线上农民会，为农户搭建与农技专业人士零距离学习科学种植技术的桥梁（江维，2020）。此外，拜耳已连续两年与全国农技推广中心联合实施“拥抱绿色”大型公益培训，于 2020 年 3 月在线上启动小麦条锈病等主要春播作物的重大病虫害防治培训，全国农技中心研究员等相关专业人士共同授课。拜耳还积极参与快手官方、中国植保导刊等“春耕直播课”的公益直播，对 2020 年重点防治的草地贪夜蛾进行了深入浅出的指导。这一系列的线上授课，克服了重重阻碍，使无论小农户还是种植大户都得以无障碍、及时获取 2020 年春播亟须的农技知识。

拜耳倾力支持 2020 年春播，仅河南小麦飞防“一喷三防”即达百余万亩次；同时，2020 年拜耳飞防面积突破 2 000 万亩次。此外，在数字化技术不断与新型农业设备融合的趋势下，拜耳还联合了业内的植保无人机厂商，将无人机与拜耳优质植保解决方案相结合，加速果树无人机的市场化应用，拜耳还与国内合作伙伴联合推出了“一键下单”的飞防打药小程序，开创了数字化、智能化、规模化飞防创新模式，让专业、数据可视化的飞防植保服务离普通农户不再遥远，让众多的普通种植户都能够共享数字化农业的价值。

拜耳认为，数字化技术与众不同的特征之一是“互连互通”。因此，未来它的价值不应仅仅体现在农业的种植环节，而应让价值链上的农户、经销商、终端消费者实现广泛连接和广泛受益，最终实现“从田园到餐桌”的透明和健康。

（3）数字化赋能探索。拜耳在农资电商、农业区块链等方面的数字化实践也已经深入农业生产的产业大链条之中。在农资电商领域，拜耳作物科学是首个“触电”入驻淘宝的外资农资企业，现有 1 家企业店，11 家授权店，已通过电商渠道为几十万种植者提供解决方案，在中国农村人口电商化进程进一步加快的当下，这一势头仍在发展。在区块链方面，拜耳作物科学也与国内合作伙伴强强联合，致力于提供可溯源的、由数字化技术赋能的农产品监测与服务体系，助力整个农业产业链升级。

11.2.3 经验与启示

（1）中国数字农业实施的良好基础使拜耳可以把关键的赋能技术引入中国。传统农业的技术突破更多着眼于单点突破，缺乏整体优化；而数字化则可以优化农业生产的整个链条，在节约资源的同时使产量最大化，这也是拜耳通过数字农业主攻的方向之一。在当下的转型期，是中国农业选择了数字化，还是数字化农业选择了中国？也许是两者兼有。正如拜耳作物科学大中华区总经理 Alfonso Alba 在接受媒体采访时谈到的，“中国可能是当今世界上数字技术能力最强、数字基础设施最好的国家，能够为数字化农业的实施奠定良好基础。这也使拜耳可以把关键的赋能技术引入中国，为种植户提供支持”。

（2）拜耳的长期成功在于兼具人类与环境效益。拜耳坚信在农业领域种植者渴望创新，促进增长，兼具环境效益，并有助人类发展。凭借领先的生物技术、作物保护和数据科学的研究能力，拜耳能够以前所未有的速度为种植者提供量身定制的解决方案。拜耳探索推动创新的数字工具，与合作伙伴一起，为人类和地球带来深远的变化。拜耳致力于减少对环境影响，同时改善小农生活品质。拜耳的长期成功不在于销售更多的产品，而在于为种植者提供更好的工具和方案，减少水、土地和能源投入，获得丰收。

今后希望更多的国际企业像拜耳一样继续善用数字化农业技术，用这辆承载着智慧和机遇的“快车”，为广大农户的增产增收以及未来中国农业的高质量发展，带来源源不断的创新动力和卓越图景。

11.3　德国巴斯夫公司：提供作物模型平台的数字产品

11.3.1　巴斯夫 Xarvio™简介

Xarvio 拥有可优化作物生产的前沿数字转化技术。Xarvio 提供基于全球领先作物模型平台的数字产品。该平台提供独立的特定田块农艺建议，使农民能够以最高效的方式可持续地生产作物。Xarvio 产品中 SCOUTING 和 FIELD MANAGER 的使用者已遍及全球 100 多个国家。

11.3.2　主要做法

Xarvio 涵盖三个主要产品：Xarvio SCOUTING、Xarvio FIELD MANAGER 和 Xarvio HEALTHY FIELDS，目前这三个产品的使用者已遍及全球 100 多个国家。种植者可以从透明的、针对特定农田和特定季节提供的作物保护服务中受益，通过外包的喷洒承包商减少工作量，实时监控，并享有农田高产保证。Xarvio 拥有可优化作物生产的前沿数字转化技术。

巴斯夫和 Nutrien Ag Solutions 近日宣布在数字领域开展合作，为客户提供更易获得的领先农艺数字工具。作为合作的一部分，巴斯夫的 Xarvio™ SCOUTCHING App 将登录 Nutrien Ag Solutions 的客户门户网站。该 App 可帮助种植者和农学家即时、准确地识别田间杂草和病害威胁。

“通过我们的共同努力，巴斯夫和 Nutrien Ag Solutions 能向种植者提供产品、服务和数字工具来帮助他们顺利生产农作物，进而改变这一行业”，巴斯夫农业解决方案部北美区高级副总裁 Paul Rea 说道，“我们还将探讨与 Nutrien Ag Solutions 进一步合作的机会，包括 xarvio FIELD MANAGER，该工具可为优化作物生产提供针对田块，甚至田块特定区域的独立农艺建议。”

使用 Xarvio SCOUTING 时，种植者点击照片即可检测田间的状况。该 App 可以判定杂草的存在，识别病害，并量化叶子的损伤程度。该 App 采用先进的人工智能算法，通过机器学习和数据共享不断提升精确度，并强化功能。

Rea 表示："在极其复杂的市场环境中，通过合作来提供创新解决方案，以满足种植者的需求，这一点至关重要。Xarvio 数字农业解决方案帮助种植者更好地管理自己的田地，使其在正确的时间做出正确的选择，从而获得更好的收成。"

Nutrien Ag Solutions 正利用先进的农艺数据科学和前沿技术构建一个开放的数字生态系统，以帮助种植者获得尽可能好的收成。Nutrien Ag Solutions 推出的巴斯夫 xarvio SCOUTING App 将作为其数字农艺产品的一部分，在贯穿整个种植季的作物监测和保护过程中，进一步帮助种植者检测和识别杂草和虫害。

Nutrien 的执行副总裁兼零售首席执行官 Mike Frank 说："我们的目标是成为未来农资产品零售商，而与巴斯夫的 Xarvio 数字农业解决方案等创新项目合作，有助于我们为客户提供更多价值。"

Nutrien Ag Solutions 数字战略副总裁 Sol Goldfarb 说："在我们构建开放数字生态系统的过程中，我们自己在不断开发业内最好工具的同时，还从整个行业寻找 App 和工具。这些工具有助于提高种植者的收成。"

目前，两家公司还计划扩大合作，并积极探索其他数字工具，例如 Xarvio FIELD MANAGER 目前提供的农艺智能工具。利用该解决方案，种植者还可获得各种作物防治病虫草害所需的时间安排，以及各区域按需而变的应用方式。

11.3.3 经验及启示

（1）发力数字农业，推进农业现代化。从其新战略规划来看，亚洲市场已经成为巴斯夫的重点市场，对实现公司的增长战略也非常重要。中国已经成为全球最大的化工市场，占据全球市场总额的 40%，并将继续推动全球化工生产增长。于是，2019 年 1 月，巴斯夫投资 100 万美元在广东湛江建立一体化基地项目。同时，巴斯夫还把创新重点聚焦在特定作物的轮作制度上，以及发力数字农业，借助最新的数字化商业模式，助力中国农业现代化。

（2）强强联合，推进农业数字化。在推进数字农业的过程中，巴斯夫一直强调强强联合。通过强强联合，将农资、农产品销售和数字农业的发展紧密结合起来。

11.4　先正达集团中国：布局数字农业

11.4.1　公司简介

2020年6月19日，由中化农业、先正达、安道麦等公司组建而成的“先正达集团中国”正式宣布成立。新成立的先正达集团中国将包括植保、种子、作物营养和现代农业技术服务平台（MAP）及数字农业四大业务单元。在中国拥有员工近1.4万名，2019年销售额达56亿美元。

作为先正达集团全球四大业务单元之一，“先正达集团中国”致力于为中国农业现代化提供先进解决方案。涵盖从植保产品、原药供应到作物育种、作物营养以及MAP和智慧农业服务平台。

11.4.2　主要做法

作为整体数字化转型的组成部分，先正达集团中国启动了供应链转型项目，目标是建立以客户体验为中心的数字化供应链体系。借助IBM提供的供应链管理咨询服务，此次体系转型规划出了基于整体战略布局的现代供应链业务管理方案——涵盖了农业供应链管理体系、运营模式及现代供应链管理信息化支撑体系等部分。

首先是农场管理系统，其可以帮助农户将数据转化为有价值的信息，所以是先正达布局的重点。其次是数字农艺工具（digital agronomy tools），这对研发驱动型的先正达来说很关键，先正达已经实现用特定算法预防病虫害，与合作伙伴用60多个变量（从天气到历史数据）进行预测，为种植者提供精准喷药指导。最后是风险管理工具，利用大数据减少种植风险。

在进入新市场时，先正达的战略是全资收购、参股投资、内部发展、建立合作四轮驱动。先正达收购了巴西农场管理软件公司Strider，将其作为在拉美地区开展数字农业的枢纽，而美国市场则以Ag Connections（Land.db）作为枢纽。对于农业科技创业公司，要“走进田间地头”，只有正确地识别种植者真实需求、简化问题，针对性的解决其中关键痛点，才是有价值的产品。

先正达在全球数字农业竞赛中劲头不及孟山都、迪尔，但同样要重点关注。因为中国化工完成对先正达收购后，即定下目标要利用先正达的数字技术推动农业转型，加大数字技术领域的投入。因此研究先正达，某种程度也是在研究未来国内数字农业领域重量级“国家队”的布局方向。先正达的数字农业布局可以总结为：一个平台，两套决策系统，多个数据采集工具。先正达的数字农业服务载体是AgriEdge Excelsio平台，主要包含两类决策系统。

（1）农场经营管理系统（类似ERP系统，提供财务分析，农场基本信息管理等，美国是land.db，在其他拉美地区是Strider）。

（2）生产力决策系统 Premier（类似 SAAS，通过分析单个地块、农场、其他农场的历史数据相关关系，如土壤类型、作物品种等，决定最佳投入模型）。

数据决策的基础是获取真实准确的数据，传统方式是靠人力田间监测，费时费力，因此先正达在数据采集环节亦有广泛布局，一方面是和农机厂商合作，如迪尔、CNH 签订数据合作协议；另一方面通过投资并购介入，比如收购遥感成像公司 FarmShots，投资以色列土壤湿度监测公司 Phytech。

先正达的 AgriEdge 已成其增长最快的业务板块，应用面积超过 1 亿亩。DA Weekly 认为先正达的数字农业布局给我们启发如下。

11.4.3 经验与启示

（1）从效益入手。国内绝大多数数字农业布局都集中在通过装备相关设施，帮助农户提升地块生产力。但农民真正需要的不是“产量”，而是“收益”，是其农场、猪场运营一年能带来多少可支配的现金流，而不是单纯的提高亩产、PSY（每头母猪每年所能提供的断奶仔猪头数）。因此，农场的经营管理系统类似企业的 ERP，分析农户的产供销、资本开支、损益表、现金流等同样重要。

（2）多条腿走路，避免盲目投资。相比孟山都的大手笔收购，先正达在数字农业领域投资似乎走得比较“稳”，主要体现在两方面：一是只在最核心环节收购，比如农场管理系统 Land. db 和 Strider，其他主要以小比例投资或战略合作为主；二是强调稳定合作，比如收购 Ag Connections 是在双方业务合作了十几年之后才展开。

11.5 AeroFarms 公司：垂直数字农业的探索者

11.5.1 公司简介

AeroFarms 是一家美国垂直农业运营服务商，利用 LED 照明、气栽法和气候控制等新技术，革新现有种植技术，使植物种植不再受恶劣天气影响。

11.5.2 主要做法

AeroFarms 控制植物在完全没有阳光或土壤的室内环境中生长。该公司还优化了研发的雾气栽培系统，已实现更快的收获周期、可预测的结果、优质的产品品质及较少的环境影响。

（1）智能雾气栽培系统。该雾化系统属于闭环系统，使用营养物质、水和氧气对植物根部进行雾化，与一般的农田耕作相比，可节省 95%的水。与水耕法相比，也可节省 40%的水。

（2）智能化照明方案。作物生长需要充足的、特定的光线。AeroFarms

使用LED灯为每个植物创建特定的光照明方案，以最节能的方式为作物提供光合作用所需的光谱、强度和频率。这种高度精细化管理可以控制植物的产量、形状、质地、颜色、风味及营养成分。

（3）智能营养配比供给。AeroFarms从田间采集完全相同的种子，并会监控作物的整个生长过程，确保可以不间断地供给作物生长发育所需要的一切营养。与传统农场相比，AeroFarms每平方英尺的作物产量要高出390倍。

（4）智能数据管理。作物收获时，AeroFarms的科学家都会监测超过130 000个数据点。通过他们不断使用预测分析来审查、测试和改进系统，已达到相对一致的状态。通过远程监控和控制，他们可以将传统农业的典型风险降至最低。

（5）智能培养基。AeroFarms开发了一种可重复使用的培养基，并申请专利。改培养基用于播种、发芽、生长和收获。培养基由不含BPA的消费后再生塑料制成。在收获后，培养基可以进行完全消毒，并且没有污染的风险，还作为雾气和植物之间的屏障。

（6）智能化害虫管理。AeroFarms对作物种植过程的各个方面都加以优化，以最大限度地减少和减轻虫害的扩散。除了受控的室内环境，他们的种植方法还会破坏常见室内害虫的正常生命周期，从而达到消灭害虫的目的。

11.5.3　经验与启示

（1）打破旧有观念，提供多方服务。农业不仅仅是销售产出的农产品，农业除自身特有的食物生产功能外，还具有经济、生态、社会和文化（休闲）等多方面功能，绝不能忽视农业的多功能性，只把农业简单看成是"吃饭产业"，则忽视了农业的丰富内涵（魏人民，2009），应把特色产业、生态产业、旅游休闲产业、农业文化产业等新产业纳入园区的经营，积极构建全面的现代农业园产业体系，为人民提供多方面服务来盈利。

（2）突破经营门槛，提升盈利能力。人才、科技、资本和规模是现代农业经营的四个要素，园区的盈利离不开这四个要素的有力支撑，即要有强大的农业人才队伍，完善的农业科技体系，有力的资本支持和规模化、机械化、自动化的农业生产。

（3）融合农业三产，实现多点盈利。创意农业，将农产品不当农产品看待，而是当成创意品，实现农产品一、二、三产业的层次活动，是传统农业提高附加值的有效路径。同时，消费者的活动延伸到农田、作坊等乡村资源和环境中，实现了效益的多元化。

现代农业产业的发展趋势与农业领域正在进行的供给侧结构性改革方向高度相符。无论是生产结构集中下的规模农业，还是产品结构优化下的品牌农业，或是科技装备水平提高下的生物农业，本质上都是在提升和优化农业的农产品供给结构，满足和弥补农产品在需求端的缺口。现代农业的盈利模式和竞争方式也在发生根本性的变化，更多采取优质优价的竞争方式，替代了过去放量杀价的竞争方式，提高农业企业的核心竞争力。

11.6 荷兰的高科技农业

11.6.1 荷兰数字农业基本情况

如果你去过日本、美国、以色列等国，就会发现，这些国家的农业各有其明显特色。日本是精细农业，美国是规模化精准农业，以色列是节水灌溉技术领先全球的高科技农业。

欧洲国家荷兰，它的农业特色与以色列相似，是高科技农业的典范。往前追溯70年，即20世纪50年代，在政府的大力支持下，荷兰农业开始了它的蓬勃发展之路，历经半个多世纪的发展沉淀，形成了如今的高科技农业面貌，主要体现在玻璃温室农业、园艺花卉、生物防控技术、电子信息技术等方面。

在荷兰的农业构成中，畜牧业占比50%，园艺业占比38%，农田作物占比12%，园艺与农田作物之和占据了半壁江山，以这两个领域为代表，让世界瞩目。

这个国家发展起来的世界一流玻璃温室农业，起因于它的“先天不足”。

荷兰土地资源有限，且光照不足，这样的条件并没有成为制约荷兰农业发展的障碍，相反，从20世纪50年代开始，荷兰温室开始发展，他们依托玻璃温室技术，大力发展设施农业，突破了这些限制瓶颈，并让这个面积只有4万千米^{2}的小国，一跃成为全球农业强国之一，创造了农产品出口全球第二的奇迹。

据统计，荷兰玻璃温室面积达到16.5万亩，约占全世界温室总面积的1/4，西荷兰是温室最集中的地区。玻璃温室约60%用于花卉生产，40%主要用于果蔬类作物（主要是番茄、甜椒和黄瓜）生产（关金森，2018）。

在玻璃温室环境控制方面，荷兰实现了全部自动化控制，包括光照系统、加温系统、液体肥料灌溉施肥系统、二氧化碳补充装置以及机械化采摘、监测系统等。玻璃温室全面的自动化，加上先进的知识和技术，生产出的作物非常高产，且品质很高，生产出来的农产品也多出口其他国家。

再说其闻名世界的花卉产业，年生产量居世界首位，是荷兰的支柱性产业，年出口额约50亿欧元，占世界市场的43%。世界上75%的花卉种球都产自这里，是绝对的鲜花王国。

在荷兰24 853个纯种植业农场中，花卉园艺农场有9 035个，占比36%。

从育种、育苗、生产、交易和流通等，荷兰的花卉产业链非常完整，并且各环节科学分工、高效联动。

荷兰之所以能成为全球第二大农产品出口国，还与其高效的分销模式密不可分。拍卖方式、农民合作社集体议价、成立一体化集团进行内部收购是荷兰农产品分销的主要模式。其中，拍卖方式是荷兰极具特色的一个存在，以花卉为例，荷兰花卉出口额的80%由拍卖市场进行交易（凌薇，2018）。

11.6.2　主要做法

1. 设施农业高度自动化、机械化、信息化

对于现代技术的应用非常普及，不仅体现在高度机械化、精准环境控制（包括自动补光、调控温度和湿度、通风、补充二氧化碳等），也体现在生物技术、信息技术。比如智能补光，这边温室都需要给植物智能补光，并且给植物供给二氧化碳来增强光合作用（关金森，2018）。

2. 利用大数据进行管理和防控、生产

荷兰很注重信息化操作和田间监测、大数据收集。这些基地的大数据建立很完善，将大数据输入电脑，利用信息化控制温室的各种自动化操作和防控。

这里的大多数温室基地，很少出现病害，多是以预防为主，并对什么时间可能出现的病虫害进行大数据搜集，一旦出现病害，根据大数据进行防控。

荷兰有欧洲最大的番茄种植和全球贸易公司，他们会对每个客户的产品进行质量和上架时间的测试，并根据数据统计客户的要求，包括不同大小等，目前出口 25 个国家。

玫瑰基地运用数字化进行管理和经营。采用倒金字塔管理模式（一般是正三角管理模式），实现全部自动化，每 1 000 米^2 只需一个人管理（凌薇，2018）。

3. 智能化配肥喷灌系统

荷兰的温室基地基本会配套 3～4 个大的配肥罐，提供作物生长不同时期所需的肥料营养，后期通过电脑操作，即可全部实现智能控制。盆栽花卉基地采用潮汐式灌溉方式。电脑自动调整每种花卉所需的肥料，一天施肥一次，一次 5～10 分钟。在不同生长时期，侧重供给的营养也会有所不同。草莓基地的配肥车间，液体肥料储存在四个配肥罐，通过电脑设计配方混合，完全自动化控制，当场混合当场使用（凌薇，2018）。

4. 领先的生物防控技术

荷兰的玻璃温室对黄板、杀虫灯以及应用天敌等物理、生物防控方法的应用做到了极致。病虫害防治以农业防治、物理防治、生物防治为主。药剂防治也以矿物源、植物源药剂为主，化学药剂用量在 20%以内，甚至一些设施基地不用任何化学药剂，完全达到有机水平（凌薇，2018）。

11.6.3 经验与启示

为什么说荷兰是高科技农业？这里非常重视科技创新以获得竞争优势，不仅是玻璃温室技术、检测技术等，到这里后，我们看到，农民田间所有防治都是建立在大数据分析基础之上的，这就是高科技和大数据的力量。卫星识别、分子识别，甚至是DNA识别都应用在了农业上。

荷兰有80%的农民已经使用GPS系统，由荷兰政府提供卫星支持，利用其捕捉农田信息，对农田情况进行科学分析。此外，也通过无人机等方式收集田间信息。无论是卫星还是无人机，通过这些高科技手段，搜集储备信息量，分辨有益和有害行为，从而更精准、更有效地给出建议并进行综合病虫害治理。

设施农业中，生物防控以及天敌的应用非常普遍，化学农药使用比例较小，为10%～20%，物理和生物防控比例基本在60%～80%。

荷兰有机农业面积占比为7.4%，中国仅为0.4%，行业专家蔡智文指出，荷兰的农药施用量和化肥施用量也明显低于我国。并且相比于荷兰每公顷蔬菜54.4吨的产出，我国只有23.0吨，还不足其二分之一，说明荷兰的土地生产率高于我国。这就是高科技农业与传统农业的差距（关金森，2018）。

参 考 文 献

《甘肃农业》编辑部，2017. 以大数据助推农村经济 [J]. 甘肃农业（18）：8-16.

EA World，2020. 企业数据质量提升六步法 [EB/OL]. https：//baijiahao. baidu. com/s?id=1678055918101826481&wfr=spider&for=pc.

MeganSquire，2016. 干净的数据：数据清洗入门与实践 [M]. 任政委，译. 北京：人民邮电出版社.

阿尔弗雷德・马歇尔，2012. 经济学原理 [M]. 宇琦，译. 长沙：湖南文艺出版社.

曹晶晶，2007. 河北省农业保险供给问题研究 [D]. 石家庄：河北经贸大学.

曾诗淇，2020. 数字乡村促美丽乡村——第八届中国淘宝村高峰论坛将在河北肃宁举行 [J]. 农产品市场（18）：2.

陈生萍，2008. 国外农业电子商务的发展以及对我国的启示 [J]. 农业图书情报学刊（9）：4.

陈伟，2002. 高新技术产品定价方法研究 [D]. 大连：大连理工大学.

陈硒，2017. 面向大数据处理的划分聚类新方法 [J]. 数码世界（1）：1.

陈欣，2005. 基于 Web 服务的数据语义集成技术研究 [D]. 南京：东南大学.

陈银娥，陈学军，2010. 中国中部地区农业资源综合开发利用的问题与对策 [J]. 世界农业（9）：4.

陈英海，2014. 岱岳区农产品加工业现状与发展对策研究 [D]. 泰安：山东农业大学.

陈挚，2019. 数字农业助力乡村振兴的思考 [J]. 四川农业与农机（6）：3.

程虹，王林琳，2006. 梅特卡夫法则解说与横向战略联盟价值 [J]. 情报探索（12）：4.

崔磊，2019. 农业大数据建设的需求、模式与单品种全产业链推进路径 [J]. 大数据（5）：100-108.

崔媛媛，2006. 个人信用评估模型比较研究 [D]. 北京：北方工业大学.

大数据战略重点实验室，2017. 大数据概念与发展 [J]. 中国科技术语（4）：8.

邓福军，2007. 美国现代农业智能化与自动化管理 [J]. 新疆农垦科技（2）：76-77.

邓和平，2020. 建筑行业信息化如何突破前行 [J]. 建筑（3）：3.

丁红娟，2009. 基于 RS 和 GIS 的农田信息管理系统的设计与实现 [D]. 南京：南京农业大学.

丁云建，2016. 大数据浅谈 [J]. 现代经济信息（30）：312.

丁志帆，2020. 数字经济驱动经济高质量发展的机制研究：一个理论分析框架 [J]. 现代经济探讨（1）：8.

樊玮，2010. 信息化背景下的农村居民信息消费研究 [D]. 南京：南京邮电大学.

范凤翠，李志宏，王桂荣，等，2006. 国外主要国家农业信息化发展现状及特点的比较研究 [J]. 农业图书情报学刊（6）：3.

方智明，2008. 福建省相对资源承载力和可持续发展研究 [D]. 福州：福建农林大学.

房宝祥，2020. 网络环境下农业科技信息安全与对策 [J]. 广东蚕业（4）：2.

干燕飞，2011. 信息商品的定价理论及其价格策略研究 [D]. 成都：西南财经大学.

高亮之，2001. 数字农业与我国农业发展 [J]. 计算机与农业（9）：3.

高鹏，2006. 信息企业特征分析 [J]. 科技和产业（12）：26－28.

高孝平，2017. 互联网企业产品定价策略试析 [J]. 商业经济（1）：4.

高英，2006. 走新型工业化道路是加快实现我国工业化的必然选择 [J]. 大学时代：B版（6）：2.

耿献辉，安宁，2020. 基于ARIMA模型的梨果价格波动及市场行情预测 [J]. 北方果树（2）：4.

苟廷国，2018. 浅谈个人电子信息在大数据时代的安全隐患和预防措施 [J]. 文渊（高中版）（11）：142－143.

关金森，2018. 外国"智慧农牧业"的做法与经验 [J]. 农业工程技术（15）：17.

郭美晨，杜传忠，2019. ICT提升中国经济增长质量的机理与效应分析 [J]. 统计研究（3）：14.

郭瑞，2015. 大豆育种信息管理系统的功能设计与应用 [D]. 南京：南京农业大学.

郭恬，高志强，2020. 基于"藏粮于技"的粮食生产实施策略 [J]. 粮食科技与经济（3）：3.

韩耀，唐红涛，王亮，2016. 网络经济学 [M]. 北京：高等教育出版社.

韩哲英，王立海，陈红，2007. CVM法在森林生态旅游产品价值评估中的运用——以黑龙江省平山生态旅游区为例 [J]. 林业科技（3）：4.

何迪，2017. 美国、日本、德国农业信息化发展比较与经验借鉴 [J]. 世界农业（3）：7.

何伟，刘芳，2015. 国内外生猪价格整合研究：基于月度时间序列数据的检验 [J]. 世界农业（8）：6.

和欢庆，2007. 电子出版：树立新观念开拓新市场 [J]. 今日印刷（6）：3.

侯春海，郭亮，Han，等，2018. 未来演出场所大数据应用架构的探索 [J]. 演艺科技（11）：6.

胡贝贝，王胜光，2017. 互联网时代的新生产函数 [J]. 科学学研究（9）：6.

胡青，2019. 乡村振兴背景下"数字农业"发展趋势与实践策略 [J]. 中共杭州市委党校学报（5）：69－75.

胡石清，2002. 关于技术交易的研究 [D]. 北京：中国科学技术信息研究所.

胡云龙，2020. 电商环境下农产品网货品牌建设问题与对策研究 [J]. 商情（19）：90，170.

华为云开发者社区，2021. 数据脱敏是什么？ [EB/OL]. https://www.zhihu.com/question/372531840.

环球网，2016. 农业供应链金融未来的新蓝海［EB/OL］. https：//www.sohu.com/a/119821193_162522.
黄海龙，朱伊平，乔婉霞，等，2020. 农业信息网络安全现状及对策分析［J］. 农家参谋（19）：15－20.
黄锦明，2009. 以色列经济发展奇迹探秘［J］. 生产力研究（2）：3.
江洪涛，2001. WTO与信息农业（提纲）［C］//全国信息技术高级研讨会．中国科技情报学会．北京科学技术情报学会.
江维，2020. 拜耳坚定植根中国谋求长远发展［J］. 中国外资（6）：2.
姜侯，杨雅萍，孙九林，2019. 农业大数据研究与应用［J］. 农业大数据学报（1）：11.
姜唐，2018. 云计算安全之数据加密［J］. 计算机与网络（18）：2.
蒋圣华，2020. 开启农业种质资源保护与利用新篇章［J］. 中国农村科技（5）：4.
荆文君，孙宝文，2019. 数字经济促进经济高质量发展：一个理论分析框架［J］. 经济学家（2）：8.
鞠婷，2019. 基于深度学习和注意力机制的中文短文本情感分析方法研究［D］. 杭州：杭州电子科技大学.
克里斯·安德森，2015. 长尾理论：为什么商业的未来是小众市场［M］. 乔江涛，石晓燕，译．北京：中信出版社.
寇有观，2019. 学习践行三农优先方针　建设智慧生态农业农村［J］. 办公自动化（5）：5.
快资讯，2020. 我国农产品电商发展现状和发展策略［J］. 新农业（1）：56－58.
李灯华，梁丹辉，2015. 国外农业信息化的先进经验及对中国的启示［J］. 农业展望（5）：4.
李定超，2018. 浅析医院计算机网络信息资源的开发与利用［J］. 电子世界（5）：2.
李娟，2009. 驻马店市农村信息化发展策略研究［D］. 北京：北京邮电大学.
李敏，2020. 县域农产品电子商务发展研究——以广东省信宜市为例［J］. 农村经济与科技（19）：3.
李青松，2002. 信息资产评估方法的研究［D］. 南京：东南大学.
李仙娥，2017. 创新数字经济时代的政治经济学［EB/OL］. http：//ex.cssn.cn/zx/201709/t20170928_3655458.shtml.
李晓华，2019. 数字经济新特征与数字经济新动能的形成机制［J］. 改革（11）：12.
李晓梅，2017. 辽宁省农产品加工贸易发展对策分析［J］. 内蒙古科技与经济（21）：2.
李新跃，王志双，王秀芳，2002. 计量检定报告管理系统软件的开发应用［J］. 质量监督与消费（4）：1.
李振军，2005. 天津市建筑设计院体制改革中的员工激励机制建设研究［D］. 天津：南开大学.
立悟，2013. 以色列农业：无中生有的“神话”［J］. 农村农业农民（1）：51－52.
梁栋，唐文凤，杜维成，等，2019. 农业农村数字资源体系架构研究与设计［J］. 农业大数据学报（3）：10.
梁凯，2008. 青海省实施“青藏专项”的制约因素与对策建议［J］. 中国国土资源经济（9）：12-14；48.
林晓晶，许宝林，2020. 直播＋电商模式在漳州地理标志水果营销中的应用探究［J］. 商场现代化（15）：3.
林笑，2015. 农业：供应链金融的新战场［J］. 农经（11）：4.
凌薇，2018. “欧洲菜园子”是怎样炼成的？［J］. 农经（8）：4.
刘海启，2017. 加快数字农业建设为农业农村现代化增添新动能［J］. 中国农业资源与区划（12）：1-6.
刘合兵，韩晶晶，席磊，2019. 小波变换——BP神经网络的农产品价格预测研究［J］. 中国农业信息（6）.
刘美平，孙玉瑶，2020. 深入推进我国农村数字经济发展的新路径［J］. 生产力研究（1）：6.
刘石，2019. 全面解读农业大数据［EB/OL］. https：//www.sohu.com/a/346295451_692015.
刘闻，2019. 成都市消费者有机农产品购买意愿与行为研究［D］. 成都：西南财经大学.
刘雪芬，2020. 试论农业大数据在农业经济管理中的作用［J］. 新商务周刊.
刘英，金龙新，祝琪雅，等，2017. 我国农产品有效供给研究综述［J］. 天津农业科学（8）：4.
刘云波，2020. 江苏省普通干线公路数据质量管控体系建设思路分析［J］. 通讯世界（7）：2.
刘志洲，吴纯秀，1998. 论信息产业公平竞争的原则及环境构建［J］. 图书与情报（1）：5.
陆福兴，2016. 加强种业知识产权保护确保国家种业安全［J］. 中国种业（9）：3.
陆松福，2007. 物流供给的弹性分析［J］. 中国市场（2）：2.
罗三星，2011. 焉耆县农作物种植结构调整的影响因素分析［J］. 新农村（黑龙江）（9X）：2.
罗云，2005. 论大学学科建设［J］. 高等教育研究（7）：45-50.
骆正山，张宏山，王小完，2013. 信息经济学［M］. 北京：机械工业出版社.
吕莎莎，2019. 乡村振兴背景下的农村产业融合问题研究［D］. 烟台：烟台大学.
马桂莲，江洪涛，张琴，2002. 精准农业——3S技术的应用［J］. 延边大学农学学报（3）：4.
马鸿健，仪淑英，张耘凡，2020. 高校业务系统数据集成研究与应用［J］. 信息通信（7）：2.
马丽，2020. 浅谈数字农业［J］. 云南农业（7）：2.
马晓丽，2010. 我国农产品市场信息不对称问题研究［D］. 泰安：山东农业大学.
毛竞，关欣，李巧云，2007. 我国数字农业发展现状与发展趋势［J］. 广东农业科学

（12）：3.
毛献峰，范艳芹，董鹏，2018. 将数字人才意识融入通信电子类高校人才培养路径研究——以南京邮电大学为例［J］. 高教学刊（15）：3.
梅宏，2019. 大数据发展现状与未来趋势［J］. 交通运输研究（5）：1－11.
蒙薇，2020. “盒马村”：中国数字农业新样本［J］. 农村新技术（8）：4.
米沃奇，2018. 快速了解大数据及其必备技能［J］. 电脑知识与技术：经验技巧（3）：3.
聂兵，2009. 我国精准农业的实施路径及其方向选择［D］. 泰安：山东农业大学.
聂凤英，刘继芬，王平，等，2004. 世界主要国家农业信息化的进程和发展［J］. 农业网络信息（4）：15－17.
农业部市场与经济信息司，2016. 农业部关于推进农业农村大数据发展的实施意见. 农业工程技术（3）：6.
农业农村部，2020. 擘画数字农业农村发展新蓝图——农业农村部负责人解读《数字农业农村发展规划（2019—2025 年）》［J］. 农业工程技术（6）：2.
农业农村部网站，2020.《2020 全国县域数字农业农村发展水平评价报告》发布［J］. 中国农资（46）：1.
农业农村部新闻办公室，2020.《2020 全国县域数字农业农村发展水平评价报告》发布县域数字年全国县域数字农业农村发展总体水平达 36.0%［J］. 农业工程技术（33）：1.
农业农村部信息中心课题组，王小兵，钟永玲，等，2020. 数字农业的发展趋势与推进路径［J］. 智慧中国（4）：3.
农忠海，刘向荣，2019. 公安大数据预测与信息采集研究［J］. 数字通信世界（10）：4.
潘光辉，罗明忠，2007. 新制度经济学的学科体系构造及创新——基于国内相关出版物的比较［J］. 贵州社会科学（12）：5.
潘瑜春，赵春江，2003. 地理信息技术在精准农业中的应用［J］. 农业工程学报（4）：6.
裴长洪，倪江飞，李越，2018. 数字经济的政治经济学分析［J］. 财贸经济（9）：18.
戚聿东，褚席，2021. 数字经济学学科体系的构建［J］. 改革（2）：41－53.
祁业凤，2009. 以服务“三农”为主要内容的农业信息化建设思考［J］. 农业网络信息（2）：3.
企智集团，2020. “农业数字经济”发展势如破竹为“2020 脱贫攻坚决胜”保驾护航［EB/OL］. https：//www.sohu.com/a/396531585_99910081.
秦斌，2007. 数字农业与精细农业［J］. 山西农业大学学报（自然科学版）（6）：3.
任伟宏，2011. 农产品市场价格预测方法探析［J］. 中国农学通报（26）：4.
任钰，郭芳芳，2015. 农业信息服务需求与影响因素分析［J］. 山西农业科学（8）：3.
桑浩鑫，王雪莹，2016. 计算机的发展史［J］. 青春岁月（12）：440－441.
史婕，2010. 宁夏永宁县农村信息化建设途径分析［D］. 北京：中央民族大学.
宋丹丹，2020. 浅析数据分析在农产品价格预测中的应用［J］. 南方农业（29）：2.
宋晓颖，孙新光，2011. 人口基础信息共享平台的设计与实现［J］. 计算机光盘软件与应用（18）：1.

宋英卓，吴晓明，钱建平，等，2020. 多要素融合的农产品质量安全精准监管系统构建与应用［J］. 中国农业资源与区划（8）：8.
孙天琦，2014. 金融消费者保护：行为经济学的理论解析与政策建议［J］. 金融监管研究.
孙志刚，张璇，孙丽英，等，2018. 智慧农业助力寿光蔬菜产业转型升级［J］. 中国蔬菜（9）.
孙志国，刘红，刘之杨，等，2018. 武陵山片区恩施州智力精准扶贫与乡村振兴战略研究——基于农业知识产权保护与智力资源开发［J］. 江西农业学报（5）：7.
谭美容，2017. 浅析价格歧视理论在运输业的应用［J］. 交通科技与经济（5）：5.
汤潇，2019. 数字经济：影响未来的新技术、新模式、新产业［M］. 北京：人民邮电出版社.
汤正仁，2018. 以数字经济助力现代化经济体系建设［J］. 区域经济评论（4）：5.
唐俊杰，何美仪，2017. 基于遗传算法与高斯过程回归的蔬菜市场价格预测研究［J］. 长春金融高等专科学校学报（5）：8.
田丰，2020. 创新投贷联动更好服务数字农业农村发展新格局［J］. 农业发展与金融（11）：3.
佚名，2016. 通过美国看大数据建设对农业的作用［J］. 农业工程技术（12）：2.
汪徽志，曹强，袁顺波，2011. 条件价值法引入图书馆社会价值评估的可行性分析——以条件价值法在国内其他行业评估的应用为例［J］. 图书馆建设（11）：4.
汪蕙，2013. 中粮集团打造农业供应链金融模式［J］. 农经（7）：64-65.
王冰清，2011. 我国经营性国有资产监管公益诉讼制度研究［D］. 北京：中央民族大学.
王彩，2020. 十四五背景下农业农村数字经济发展探究［EB/OL］. http://www.agriplan.cn/industry/2020-04/zy-5532_6.htm.
王桂红，杨勇，吴华瑞，等，2013. 农产品市场价格 Web 信息智能分析方法［J］. 沈阳农业大学学报（3）：5.
王建冬，童楠楠，2020. 数字经济背景下数据与其他生产要素的协同联动机制研究［J］. 电子政务（3）：10.
王静瑜，2013. 广东省科技数字资源服务“三农”途径探讨［D］. 南宁：广西大学.
王克柱，高乐全，刘顺伶，2011. 保定市休闲农业对接京津空间模式研究［J］. 安徽农业科学（29）：3.
王凌芳，2008. 企业信息资源利用与竞争力提升的相关研究［D］. 北京：北京邮电大学.
王明彦，2007. 供电企业 CRM 中不同客户的激励方法研究与选择［D］. 华北电力大学.
王巍，2016. 农超对接新模式探索与研究——以“规模联采，基地直供”的蔬菜联采新模式为例［J］. 中国商论（35）：1-3.
王维亮，潘多斌，2019. 3S 技术在精准农业中的研究与应用［J］. 农业与技术（8）.
王文生，郭雷风，2015. 农业大数据及其应用展望［J］. 江苏农业科学（12）：4.
王文生，郭雷风，2016. 关于我国农业大数据中心建设的设想［J］. 大数据（1）：7.
王文生，2011. 德国农业信息技术研究进展与发展趋势［J］. 农业展望（9）：4.

王欣，2008. 网络经济下中国证券电子商务发展研究 [D]. 北京：对外经济贸易大学.
王亚娟，2004. 无差异曲线在旅游消费行为中的运用 [J]. 浙江工商职业技术学院学报（4）：2.
王一鹤，杨飞，王卷乐，等，2018. 农业大数据研究与应用进展 [J]. 中国农业信息（4）：48-56.
王宇，2017. 知识产权：奏响现代农业“春之声” [EB/OL]. https://news.nwafu.edu.cn/mtwx/62167.htm.
王宇晨，刘凤，魏岚星，等，2020. 以数字乡村战略引领河南省新时代发展研究——以河南省鹤壁市农业信息化发展为例 [J]. 中国商论（21）：9.
王月，阎慧，梁家林，等，2018. 科研数字资源平台设计与实现分析 [J]. 软件（5）：4.
王志远，2020. 河南省农业农村数字经济现状调查 [J]. 农家参谋（19）：32，39.
王钟，胡月明，杨永忠，2001. “3S”技术与精细农业 [J]. 高等农业教育（8）：2.
魏宏，2001. 我国农业信息网站建设现状与对策分析 [D]. 北京：中国科学技术信息研究所.
魏人民，2009. 发展现代农业必须突破六大传统理念 [J]. 现代经济探讨（5）：3.
温靖，郭黎，黄珊瑜，等，2019. 助力乡村振兴赋能数字农业农村——2019 年数字农业农村发展论坛侧记之一 [J]. 农业工程技术（33）：9-12.
吴彬，2020. 数字乡村建设背景下打造数字化合作社正当时 [J]. 中国农民合作社期刊（7）：54.
吴画斌，许庆瑞，陈政融，2019. 数字经济背景下创新人才培养模式及对策研究 [J]. 科技管理研究（8）：6.
吴进，2008. 精准农业模式研究 [D]. 武汉：华中师范大学.
吴立，2015. 掘金农业大数据 [J]. 农经（12）：2.
吴丽霞，2003. 《当代西方经济学》学习辅导 [J]. 中共石家庄市委党校学报（10）：29-30.
向延平，2010. 基于 CVM 法的凤凰古城旅游扶贫生态绩效评价 [J]. 贵州农业科学（10）：3.
晓军，2019. 权威解读《数字乡村发展战略纲要》[J]. 新农业（16）：3.
肖冰，陈丽娟，2018. 我国智慧农业的发展态势，挑战及对策研究 [J]. 农村金融研究（8）：4.
谢琼，王雅鹏，2008. 农村金融中介对农村经济增长的贡献研究——基于多变量 VAR 系统协整分析 [C] //全国中青年农业经济学者年会.
谢锡南，蒋太才，2008. 浅析技术经济评价中的价格预测方法 [J]. 现代经济（现代物业下半月刊）（8）：132-137；71.
新华网，2020. 2020 世界数字农业大会、第十九届广东种业博览会在广东广州举行 [EB/OL]. http://www.gd.xinhuanet.com/2020-12/15/c_1126862629.htm.
徐兴利，黄家伟，2020. 数字农业农村发展再谱新篇 [J]. 食品界（3）：8.

徐雅卿，魏轶华，李旭刚，2017. 农产品价格预测模型的构建［J］. 统计与决策（12）：3.
许进杰，2013. 扩大消费、资源节约与生态文明消费模式［J］. 兰州商学院学报（4）：8.
许可，杨涵钧，吕振艳，2021. “十四五”数字农业发展前瞻［J］. 中国工程咨询（4）：4.
许世卫，李哲敏，李干琼，等，2011. 农产品市场价格短期预测研究进展［J］. 中国农业科学（17）：10.
许竹青，2020. 我国数字农业发展的现状，问题与政策建议［J］. 全球科技经济瞭望（6）：7.
闫国宾，2012. 浅析农业生态环境的发展对策［J］. 湖南农机（7）：2.
闫志月，2019. 数字经济对企业营运资金管理的影响研究［J］. 商讯（22）：2.
杨建安，2018. 农产品电子商务促农增收效果及影响机制研究［D］. 重庆：重庆工商大学.
杨君，赵红克，2018. 精准农业发展概况及建议［J］. 现代农业科技（6）：2.
杨坤，胡川江，聂有亮，等，2019. 推进成都市农业大数据建设的对策建议［J］. 四川农业科技（12）：2.
杨立平，2012. 现代农业园区知识产权战略研究［D］. 南京：南京农业大学.
杨凌华，2011. 我国大豆进口贸易的定价权问题研究［D］. 青岛：中国海洋大学.
杨涛，2008. WTO体制下的中国粮食贸易地位与粮食安全［D］. 天津：天津财经大学.
杨新铭，2017. 数字经济：传统经济深度转型的经济学逻辑［J］. 深圳大学学报（人文社会科学版）（4）：4.
杨叶勇，2013. 基于RFID技术的农产品物流分析［J］. 物流技术（11）：3.
姚成胜，刘耀彬，2010. 福建省生态系统服务价值变化对土地利用变化驱动因子的敏感性分析［J］. 农业系统科学与综合研究（1）：6.
尤瑞红，2011. 政务智能在财政局非税收入系统中的设计和实现［D］. 重庆：重庆大学.
于华兵，2009. 煤炭企业管理中激励问题的研究［D］. 天津：天津大学.
于荣华，薛锋，2018. 试论农业大数据在农业经济管理中的作用［J］. 农业开发与装备（9）：2.
郁李，2020. 农业的数字革命进行时［J］. 农经（3）：5.
袁栋梁，2011. 信息资源元数据模型的研究与应用［D］. 青岛：山东科技大学.
云南省科技厅，2013. 云南完成铁皮石斛全基因组精细图谱绘制［J］. 硅谷（18）：1.
张百鹏，2012. 浅析我国高储蓄率对经济发展的影响及对策［J］. 商场现代化（34）：2.
张标，张领先，傅泽田，等，2017. 基于季节指数的蔬菜价格变动趋势分析及预测［J］. 北方园艺（18）：7.
张洪豪，2007. 消费者购买决策过程的经济学模型［J］. 科技咨询导报（16）：254-255.
张琳，段双梅，董木端，等，2020. 关于德宏州发展“数字农业”的思考［J］. 花卉（22）：2.
张茂海，康晓颖，孙志刚，等，2018. 加快智慧农业建设助力现代农业发展［J］. 山东经济战略研究（7）：51-54.
张茂海，康晓颖，孙志刚，等，2018. 寿光市智慧农业发展情况报告［J］. 农业工程技术

（12）：4.
张明安，2011. 基于 WebGIS 的县域测土配方施肥系统的研究与建立 [D]. 合肥：安徽农业大学.
张桃林，2020. 保护利用好传承农耕文明的种质资源 [J]. 中国科技投资（1）：3.
张伟，2004. 数字农业空间信息管理平台开发研究 [D]. 上海：华东师范大学.
张小霞，于冷，2006. 绿色食品的消费者行为研究——基于上海市消费者的实证分析 [J]. 农业技术经济（6）：6.
张新红，2016. 发展数字经济具有重要意义 [EB/OL]. http：//views. ce. cn/view/ent/201611/24/t20161124 _ 18090301. shtml.
张亚杰，杨秀，2016. “互联网＋”环境下皖北特色农产品网络营销策略分析 [J]. 吉林农业科技学院学报（3）：79－81.
张毅，2007. 商务智能系统中 ETL 的设计与思考 [J]. 电脑知识与技术（学术版）（12）：3.
张勇，2004. 非政府组织项目评估探讨 [D]. 成都：西南财经大学.
章翔，2009. 中国“资源诅咒”现象的解释——基于地区能源状况，产业间要素流动与经济增长的关系研究 [D]. 重庆：重庆大学.
赵春江，2009. 对中国数字农业技术发展的战略思考 [C] //中国科学技术协会，中国科学技术协会.
赵文明，2006. 信息技术与我国农业发展 [J]. 现代化农业（6）：2.
郑雪静，熊航，2020. 区块链如何促进数据要素的价值实现：以食品供应链为例 [J]. 农业大数据学报（3）：8.
中共中央办公厅，国务院办公厅，2019. 中共中央办公厅国务院办公厅印发《数字乡村发展战略纲要》[J]. 金融经济（11）：1.
钟炯城，2009. 鲜活农产品价格形成研究 [D]. 南宁：广西大学.
钟文晶，罗必良，谢琳，2021. 数字农业发展的国际经验及其启示 [J]. 改革（5）：12.
周多，2017. 当前我国农村电子商务发展的困难与对策 [J]. 消费导刊（3）：35，39.
周国民，2019. 我国农业大数据应用进展综述 [J]. 农业大数据学报（1）：8.
周清波，吴文斌，宋茜，2018. 数字农业研究现状和发展趋势分析 [J]. 中国农业信息（1）：9.
周维，2019. 乡村振兴战略视角下乡土文化的传承困境与重构策略研究 [D]. 重庆：西南大学.
周衍鲁，2020. 动能转换：信息动能驱动商业数字经济发展的技术理论探究 [J]. 商业经济研究（18）：3.
周耀军，梁鸿涛，李德乾，2020. 漯河烟叶生产的移动应用实践 [J]. 电脑编程技巧与维护（8）：4.
周泽宇，2004. 政府控制农作物生物灾害研究 [D]. 北京：中国农业大学.
朱红根，宋成校，2020. 家庭农场采纳电商行为及其绩效分析 [J]. 华南农业大学学报

（社会科学版）（6）：14.

朱强，2015. 农业信息智能分析技术及应用实践探析［J］. 甘肃农业（22）：2.

邹源甦，2009. 贫困县农村专业经济协会有序参与农业经营信息化服务研究［D］. 成都：电子科技大学.

Aabo S.，2010. Libraries and return on investment（ROI）：A meta - analysis［J］. New Library World（7）：311 - 324.

Rohlfs，J.，1974. A Theory of Interdependent Demand for a Communication Service［J］. The Bell Journal of Economics and Management Science（1）：16 - 37.

后　记

相对于传统农业，数字农业是一场革命。在这一背景下，农业的生产将更加自动化和智能化，经营将更加网络化，管理将更加数字化，服务将更加精准化，交易将更加便捷化，配送将更加及时化，决策将更加科学化。不主动迎接这场革命，就要丧失机遇。因此，我们必须抓住这个重大契机，迎接数字农业革命。农业的数字化、智慧化带来了农业经济的深刻变化，正深刻影响着人们的生活。农业数字经济将与实体经济紧密融合成一体，成为农业发展的新形态。本书编写团队长期关注农业数字化、农业数字经济的发展，对这一领域进行了探索。其中，赵鸭桥研究员负责本书的策划，张仙老师、刘婕老师负责整本书的统稿，全书第一章由刘婕老师编写，第二章和第三章由王全春老师编写，第四章由岳娅老师编写，第五章由张榆琴老师编写，第六章和第八章由张焱老师编写，第七章由张仙老师编写，第九章由周铝老师编写，大部分老师还参加了案例的编写。研究生任子奕、董凌子、岳美华等参加了本书的审查。

由于本书是本团队的一个探索，由于农业数字经济是一个新事物，很多认识还需要进一步探索，因此本书可能还存在很多不足，敬请各位不吝赐教。

本书编写组

图书在版编目（CIP）数据

农业数字经济学 / 张仙，刘婕，赵鸭桥主编. —北京：中国农业出版社，2022.4
ISBN 978-7-109-29246-8

Ⅰ.①农…　Ⅱ.①张…②刘…③赵…　Ⅲ.①农业经济学—信息经济学　Ⅳ.①F30-05

中国版本图书馆 CIP 数据核字（2022）第 047550 号

中国农业出版社出版
地址：北京市朝阳区麦子店街 18 号楼
邮编：100125
责任编辑：姚　佳　　文字编辑：王佳欣
版式设计：杨　婧　　责任校对：周丽芳
印刷：北京中兴印刷有限公司
版次：2022 年 4 月第 1 版
印次：2022 年 4 月北京第 1 次印刷
发行：新华书店北京发行所
开本：720mm×960mm　1/16
印张：11.25
字数：250 千字
定价：78.00 元
